기도가 시작이다

믿음이란 한 알의 밀알이 땅에 떨어져 죽음으로 많은 열매를 맺음과 같이 진리의 열매를 위하여 스스로 죽는 것을 뜻합니다. 눈으로 볼 수는 없으나 영원히 살아 있는 진리와 목숨을 맞바꾸는 자들을 우리는 믿는 이라고 부릅니다. 「믿음의 글들」은 평생, 혹은 가장 귀한 순간에 진리를 위하여 죽거나 죽기를 결단하는 참 믿는 이들의, 참 믿는 이들을 위한, 참 믿음의 글들입니다.

지도자 느헤미야와 함께
영적 성벽 쌓기

기도가 시작이다

최영식 지음

홍성사

추천사

• **유기성 목사**(선한목자교회 담임)

최영식 목사님의 느헤미야 묵상 글은 군더더기 없이 깔끔하면서도 깊은 감동을 줍니다. 말씀을 풀어내는 탁월한 감각이 있으며 그것을 오늘날 우리에게 적절하게 적용시키고 있습니다. 보석 같은 설교자 한 분을 만나 너무 기뻤습니다.

이 책은 비엔나의 이민 교회에서 새벽기도회 때 설교한 느헤미야서를 새벽에 나오지 못하는 교우들을 위해 교회 홈페이지에 묵상 형식으로 석 달 동안 올린 것이 계기가 되어 출간하게 된 것입니다.

이 책을 읽는 이들은 느헤미야가 실제 우리 앞에 나타나 직접 우리에게 '하나님을 인격적으로 만나, 하나님의 구체적인 인도하심을 받고, 신실한 믿음으로 담대하게 소명을 향하여 나아가도록' 도전하는 것 같은 감동을 받게 될 것입니다.

- **유진소 목사(ANC온누리교회 담임)**

느헤미야를 묵상한 글을 읽으면서 이렇게 마음이 훈훈하고 따뜻했던 적이 없었습니다. 성경의 느헤미야라는 사람을 통해 신앙생활은 어떤 것인지를, 조금도 과장이나 허세 없이 담담하면서도 힘 있는 필체로 써내려간 그 내용에 제가 매료되었기 때문입니다. 그뿐 아니라 글 사이 사이에 숨어 있는 보석 같은 영적인 경구들은 뜻밖의 선물과 같은 기쁨이었습니다. 저는 정말 확신이 들었습니다. 이 책을 읽는 사람은 누구나 다 마음이 다시 하나님 앞에서 깨끗해지고 정리가 되는 은혜가 있을 것이라는…….

이 책은 성도들이 모두 느헤미야처럼 살기를 간절히 바라는 마음으로 쓴, 느헤미야의 이 시대 버전이 아닌가 생각해 봅니다. 세상적인 성공과 신앙 사이에서, 지금도 계속되는 치열한 영적 전투 가운데서 무너지지 않고 승리하는 신앙인으로 살아가기 위해 필요한 영적인 통찰과 조언들을, 매 장마다 아주 분명하게 담고 있어서 너무나 좋습니다. 담백하고 순수하면서도 꼼꼼하게 써내려간 이 아름다운 묵상과 메시지를 기쁜 마음으로 추천합니다.

- **신경림 박사(웨슬리신학대학원 부총장)**

최영식 목사님은 목회를 시작한 날부터 현재까지 묵묵히 정석대로만 최선을 다하는 분입니다. 거듭 역경을 겪으면서도 원칙을 붙들고 끝까지 견딘 목사님의 인격과 목회 신념을 믿기에 기쁨과 확신으로 이 묵상집을 추천합니다.

"사람을 붙들지 말고 먼저 하나님을 붙드십시오! 말씀에 기록되어 있는 수많은 약속을 붙잡으십시오! 그렇게 약속을 붙들고 구하는 기도보다 더 강력한 기도는 없습니다"라는 말은 저자의 삶의 고백이며 원칙입니다. 원칙보다는 방법, 정석보다는 프로그램에 현혹되는 우리에게 이 책은 회복과 갱신을 일으킬 것입니다.

기도를 단순한 청원이 아닌 "우리 문제에 대해 구체적이고 세밀한 지도를 받는 레슨 시간"이라고 믿는 최 목사님은 느헤미야서를 교인들과 함께 읽고, 함께 씨름하며, 함께 하나님의 지도를 받아 함께 성장하고 성숙하는 결과를 이끌어 내었습니다. 그러므로 나는 이 책이 수많은 목회자와 교인들에게 같은 감동과, 용기, 희망을 주어 교회와 사람을 함께 살릴 수 있음을 믿습니다.

• 한상호 목사(주안감리교회 담임)

유럽 지역에서 복음의 사명을 감당하기 위해 애쓰고 노력하시는 최영식 목사님을 볼 때 도전이 됩니다. 예배 시간에 말씀을 선포하는 것 외에도 인터넷을 통해, 묵상한 글을 많은 사람들과 공유하고 나눈다는 것은 결코 쉬운 일이 아닙니다. 하지만 그러한 꾸준한 노력이 있었기에 비엔나에서 하나님이 생생하게 역사하시는 건강한 교회를 이끌어 갈 수 있었다고 생각합니다.

느헤미야 묵상 글을 하나하나 읽으면 그리스도인들의 삶이 어떠해야 하는지 정확하게 짚어 줍니다. 그리스도인의 삶은 기도에서 시작되고 기도로 마무리되어야 합니다. 느헤미야는 능력 있고, 권력 있는 사람이었습니다. 하지만 어떠한 상황에서도 자신을 먼저 드러내거나 인간적인 방법을 먼저 선택하지 않았습니다. 기도함으로 비전을 품을 수 있었고, 기도함으로 앞을 가로막는 문제와 어려움 속에서도 포기하지 않고 나아갈 수 있었으며, 기도함으로 불가능을 뚫고 목표를 이룰 수 있었습니다. 이 책을 읽고 이 시대에 필요한 또 다른 느헤미야가 하나님의 뜻을 붙잡고 일어날 것을 기대합니다.

- **임용택 목사**(안양감리교회 담임)

사람들은 메시지를 듣기 전에 메시지 전달자를 봅니다. 메시지 전달자를 신뢰하지 못하면 메시지도 신뢰하기 어렵기 때문입니다. 전달자를 신뢰하면 메시지는 자연적으로 신뢰하게 됩니다. 최영식 목사님은 청년 시절 안양교회에서 활동했습니다. 그를 기억하는 분들은 하나같이 성실하다고 칭찬합니다. 그는 13년 전 비엔나감리교회에 부임해서도 지금까지 신실하게 목회했습니다. 이 묵상집은 그의 성실함과 신실함의 결정체입니다. 최영식 목사님을 신뢰하기에 이 책을 기다렸고, 맛있게 읽었습니다. 기대 이상이었습니다.

이 묵상집은 깊이가 있습니다. 묵상 하나하나에 머물게 하는 힘이 있습니다. 그의 글은 한동안 제 마음에 머물러, 느헤미야 같은 지도자가 되고 싶다는 간절함을 갖게 했습니다. 또 이 묵상집은 지루하지 않습니다. 다음 내용을 빨리 보고 싶은 기대감을 갖게 합니다. 뻔한 묵상집이 아니라 펀fun한 묵상 드라마입니다. 예루살렘 성벽 건축 과정에서 빚어진 많은 사건들과 느헤미야 주변 인물들을 절묘하게 그렸습니다. 한번 잡으면 놓을 수 없는 재밌는 소설 같되, 가벼운 재미가 아니라 신선한 즐거움입니다.

말이 아니라 본本이 필요한 시대입니다. 느헤미야는 균형 잡힌, 좋은 지도자의 본이 됩니다. 기도하며 행동했던 느헤미야, 영성과 전문성을 함께 갖춘 느헤미야, 하나님과 사람들에게 동시에 인정받았던 느헤미야 같은 지도자가 꼭 필요한 시대입니다. 이 책은 내용도 탁월하고 시기적절하기도 합니다. 설교자는 물론 모든 성도들에게 필독을 권하며 기쁨으로 추천합니다.

머리말

영혼의 성 쌓기 프로젝트

늦깎이로 목사 안수를 받은 후, 곧바로 이곳 비엔나로 온 지 12년이 지났습니다. 비엔나는 작고 조용한 도시입니다. 그래서 사색하고 산책하는 데는 더없이 좋고, 잔잔한 하나님의 은혜를 느끼기에도 최적의 장소입니다.

이 책은 작년 봄, 새벽 기도를 하던 어느 날 갑자기 써야겠다는 마음이 들어 시작한 글 모음입니다. 10년간 교회를 섬기다 보니 소진된 느낌도 있고 뭔가 변화가 필요한 시점이라 생각했는데, 때를 맞춰 성령께서 느헤미야서를 묵상하도록 인도해 주셨습니다. 마침 성도들이 한꺼번에 많이 출석하게 된 때와 맞물리면서 우리 교회 또한 유·무형의 성 쌓기가 꼭 필요했습니다. 그래서 55일 동안 새벽기도 때 이 묵상을 바탕으로 설교했고, 그때 교회 홈페이지에 올렸던 글을 정리해서 출간하게 된 것입니다. 교우들이 매일 새벽을 기다리며 열심을 보이던 그때의 감격이 아직도 새롭습니다.

이스라엘의 12지파를 생각해 보면, 특별한 은혜를 받은 지파도 있지만 '그저 그런' 복을 받은 지파도 꽤 여럿입니다. 그런데 그 복 자체도 알고 보면 엄청난 복이라는 것을 알게 됩니다. 지난 시간 하나님께서 저와 우리 교회에 베푸셨던 은혜는 바로 그런 복이었습니다. 평균처럼 보이고 보통으로 알았던 은혜들이 사실은 가장 특별하다는 것입니다. 느헤미야를 묵상하는 동안 그 사실은 더 굳어졌습니다. 즉 잔잔하고 조용해 보이는 것들이 오히려 엄청난 에너지를 가지고 있음을 알게 된 것입니다. 가랑비에 옷 젖는 줄 모르는 은혜가 오래간다는 것을 새삼 알았습니다.

리더로서 느헤미야의 가장 큰 강점은 큰일도 작게, 어려운 일도 쉽게, 강한 것도 부드럽게, 대단한 것도 보통처럼 느끼게 한다는 점입니다. 나중엔 리더가 되는 덕목까지도 단순하게 만들어 '그럼 내가 해도 되겠네'라는 자신감을 주는 따뜻하고도 친절한 리더입니다. 저 역시 독자들이 이 책을 통해 인생을 바꿀 만한 계기라든지, 신세계를 발견한 환희 같은 감동보다는 그저 일상 중에 느끼는 조용하고도 잔잔한 은혜를 누렸으면 합니다. 그래서 이 책은 도서관이나 서재보다도 지하철이나 화장실 같은 곳에서 읽는 편이 더 어울릴 것이라 생각합니다. 이 글이 누군가의 마음에 조그만 울림이라도 주고 사람들의 손에 들려지는 일이 잦아진다면 그건 전적으로 주님께서 하신 일이고 주님만이 영광 받으실 일입니다.

책을 출간하면서 감사드릴 분이 한두 분이 아닙니다. 우선 추천사와

서평을 써주신 다섯 분의 목사님과 두 분의 자매님께 감사드립니다. 요즘처럼 바쁜 때에 부족한 글을 읽고 추천하고 평가해 주는 일은 여간 정성이 아니고는 할 수 없습니다. 머리 숙여 감사를 표합니다.

이 글을 쓰는 내내 용기를 주고 때로는 날카로운 비평을 아끼지 않은 사랑하는 딸 혜림, 혜수와 아내 이성복에게도 고맙다는 말을 하고 싶습니다. 가족이란 이생의 천국인데 그렇고 보면 저는 수십 년을 천국에서 살고 있는 셈입니다.

여러 모로 부족한 사람을 담임목사로 세워 사역을 감당케 기도해 주시고 격려해 주신 비엔나감리교회의 모든 교우들께도 감사드립니다. 지난 12년 동안 교우들의 한결같은 사랑이 없었다면 이 책이 나오는 것은 물론 목회 자체도 할 수 없었음을 고백합니다.

느헤미야에 관한 저작을 먼저 남겨 이 책을 쓰는 데 큰 도움을 주셨던 많은 목사님들과 신학자들께도 감사드립니다. 아무리 하찮은 저작이라도 혼자 생각만으로 지면을 메우기는 어렵다는 것을 감안하면 일일이 각주 달지 않음에 용서를 빌어야 할 것 같습니다.

마지막으로 오스트리아의 한 변방 동네에서 무명으로 살아가고 있던 사람의 글을 채택해서 위험을 무릅쓰고 출판해 주신 홍성사에 더없는 감사를 드립니다. 홍성사의 선택을 받았다는 사실이 저는 무척 자랑스럽습니다.

누구보다 느헤미야! 당신께 가장 고맙습니다! 당신은 내게 기도가 뭔지를 전혀 다른 시각으로 보여 주었고, 리더의 모습이 어떠해야 하는

지를 제대로 가르쳐 준 스승입니다. 당신께 배운 바를 내 남은 삶 가운데 조금이라도 보여 줄 수 있다면 좋으련만! 당신을 보내신 하나님을 찬양하며 모든 영광을 하나님께 돌립니다! 할렐루야!

2012년 초여름
오스트리아 비엔나에서
최영식

차례

추천사 5
머리말 10

1부
기도로 준비하는 지도자

1_모든 일은 기도로 시작한다 2_어떤 하나님을 믿느냐가 내 신앙 수준이다 3_네 죄는 내 죄다 4_약속을 붙잡고 구하라 5_내가 기도 응답이다 6_기다리면 숙성된다 7_기도로 준비한 사람이 기회를 얻는다

16 – 51

2부
추진력 있는 지도자

8_감동받으면 돕게 된다 9_하나님이 내 마음에 주신 것을 하라 10_일을 되게 하는 것은 자신감이다 11_내 일은 모두를 위한 것이다 12_방해는 더 큰 열심으로 극복된다 13_물러서지 말고 맞서 싸우라 14_아직 긴장을 풀 때가 아니다 15_일은 될 때 더 몰아쳐야 한다

52 – 95

3부
지혜로운 지도자

16_내상은 드러내야 고친다 17_꼼꼼해야 순조롭다 18_'하나님 경외'가 가장 큰 힘이다 19_할 얘기가 있게 살아야 한다 20_즉시 "아니오!"라고 말해야 한다 21_진실은 긴 설명이 필요 없다 22_죽마고우도 믿을 대상은 아니다 23_성은 짧은 기간에도 쌓아 올릴 수 있다

96 – 139

4부
**비전을
이루는
지도자**

24_인재란 특히 하나님을 경외하는 사람이다 25_꿈이 커야 하나님을 인정하는 것이다 26_열망하면 하나님이 이루신다 27_자원하면 은혜는 백 배 천 배로 넘친다 28_하나님을 기뻐하는 것이 힘이다 29_지금 시작해도 늦지 않는다

140 – 173

5부
**위기를
관리하는
지도자**

30_묵상, 회개, 경배의 순서를 지켜야 한다 31_기억하면 나아갈 수 있다 32_위기가 기회라는 것은 사실이다 33_광야에서는 양식보다 말씀이 먼저다 34_당연하다 여기면 재앙이다 35_엉뚱한 것을 하나님 삼지 말라 36_그래도 하나님은 우리의 아버지시다 37_나쁜 습관은 처음에 차단해야 한다

174 – 217

6부
**분별력
있는
지도자**

38_너 자신을 아는 게 힘이다 39_약속이란 마음에 도장 찍는 것이다 40_계명은 우리를 위한 것이다 41_일과 쉼은 명확해야 한다 42_예배는 믿음생활의 0순위다 43_교회를 어머니처럼 섬기라 44_교회가 먼 것이 아니라 집이 먼 것이다 45_고마운 사람은 마음에 새겨야 한다 46_정리하면 일은 수월해진다

218 – 261

7부
**사람을
세우는
지도자**

47_스스로 즐기는 일보다 더 좋은 것은 없다 48_보여 줄 일은 따로 있다 49_드릴 수 있는 게 복이다 50_나쁜 싹은 초장에 잘라 내야 한다 51_실망스러워도 다시 시작해야 한다 52_교회의 회복이 가장 먼저다 53_건망증은 반드시 치유되어야 한다 54_사랑의 매를 들라 55_모든 일은 기도로 마무리한다

262 – 303

1부

기도로 준비하는 지도자

환경을 바꿀 게 아니라 기도부터 해야 합니다.
기도로부터 모든 게 시작되기 때문입니다.
생각과 말과 행동뿐 아니라 환경과 운명까지
모두 바꾸는 힘은 기도밖에 없습니다.

1
모든 일은 기도로 시작한다

하가랴의 아들 느헤미야의 말이라 아닥사스다 왕 제이십 년 기슬르월에 내가 수산 궁에 있는데 내 형제들 가운데 하나인 하나니가 두어 사람과 함께 유다에서 내게 이르렀기로 내가 그 사로잡힘을 면하고 남아 있는 유다와 예루살렘 사람들의 형편을 물은즉 그들이 내게 이르되 사로잡힘을 면하고 남아 있는 자들이 그 지방 거기에서 큰 환난을 당하고 능욕을 받으며 예루살렘 성은 허물어지고 성문들은 불탔다 하는지라 내가 이 말을 듣고 앉아서 울고 수일 동안 슬퍼하며 하늘의 하나님 앞에 금식하며 기도하여 이르되 하늘의 하나님 여호와 크고 두려우신 하나님이여 주를 사랑하고 주의 계명을 지키는 자에게 언약을 지키시며 긍휼을 베푸시는 주여 간구하나이다_1:1-5.

박찬호 선수가 미국 메이저 리그에서 처음 훈련에 임하게 됐을 때, 팀 코치는 그를 타석에 불러 놓고 타자들이 공을 친 후엔 1루 쪽으로 뛰는 거라고 알려 주었다고 합니다. 야구선수로서 그런 기본적인 규칙을 모르는 사람은 없을 텐데 다시 확인시키는 코치의 가르침에 박 선수는 신선한 감동을 받았다고 합니다. 그 코치는 기본이 무엇보다 중요하다는 것을 상징적으로 가르친 것이라 생각합니다. 믿음생활에도 가장 기본 되는 것이 있는데 그것은 기도입니다. 무슨 일을 하든지 우리 일은 기도로 시작하고 기도로 끝내야 합니다. 신앙에 그것보다 더 중요하고도 기본적인 규칙은 없습니다.

이제 우리가 읽어 나갈 느헤미야서도 시작부터 기도하는 모습이 나옵니다. 예루살렘의 소식을 들은 느헤미야가 슬피 울며 하나님께 기도하고 있습니다. 사실 그의 직업과 지위를 알게 되면 이런 모습은 이해가 안 될 수 있습니다. 그는 페르시아의 왕궁에서 왕의 신뢰를 받고 있는 관료로서 부족한 것이 없는 사람인데다, 또 그가 들은 일은 제국으로부터 무려 1,800킬로미터나 떨어진 변방에서의 일이기 때문입니다. 자신과 별 관계 없어 보이는 일입니다.

믿음의 크기란 자신을 제외한 이웃의 일에 얼마나 마음 쓰고 있느냐에 비례합니다. 뒤집어 말하면 자기 일에 깊이 빠질수록 하나님의 뜻과는 멀어지기 쉽다는 것입니다. 그런 면에서 느헤미야는 이미 범상치 않아 보입니다. 그는 페르시아에 살고 있는 유대인 3세였습니다. 할아버지 대에 포로로 잡혀 와 아버지 세대를 거쳐 자기 대에 이르는 동안 모국의 존재란 흐릿한 그림자로만 남았을 텐데, 오히려 시간이 갈수록 그에게 조국의 모습은 선명하게 떠오르는 것 같아 보입니다. 그렇게 예루살렘이 자신의 진짜 고향처럼 되기까지는 얼마나 많은 다짐과 기도의 시간이 있었을까요.

그가 들은 고국의 소식은 참담했습니다. 먼저 귀환한 동포들의 노고로 조국의 형편은 나아졌으리라 믿었는데, 동포들이 지금 환란과 능욕을 받으며 성곽도 없는 황폐한 예루살렘에서 하루하루를 연명하고 있다 하니 청천벽력 같은 소리였던 것입니다. 온몸에 힘이 빠지고 원통해 느헤미야는 울며 금식하지 않을 수 없었습니다.

느헤미야에겐 무엇보다 들을 수 있는 귀가 있었습니다. 이 사실은 그가 신실한 사람이란 것을 시사해 줍니다. 제대로 된 사람이면 누구나 두 귀가 있고 또 잘 듣겠다 싶지만 꼭 그렇지만은 않습니다. 기도하지 않는 사람은 듣지 못하는 까닭이고, 반대로 기도하는 사람은 들은 것으로 인해 가슴이 아려 오는 사람입니다. 사람은 성공했다 싶으면 남의 말을 잘 듣지 않게 됩니다. 즉 가진 게 너무 많거나 마음이 높아져서 자기중심적인 사람이 되면 더 이상 남의 말이 들리지 않습니다. 느헤미야의 현직은 페르시아 왕의 술 관원입니다. 술 관원이라면 왕이 마실 술을 먼저 먹어 보는 사람이고 그것은 왕과 그의 목숨이 결탁되어 있다는 얘기입니다. 어떤 면에서는 왕의 형제나 자식보다도 더 신뢰받는 사람인 것입니다. 외국인으로서는 오를 수 있는 가장 높은 자리까지 올라갔기에 영화와 부귀를 누렸을 것입니다. 한마디로 아무것도 아쉬울 게 없고 왕 외엔 그 누구의 말도 귀담아 들을 일이 없는 사람이었습니다. 그런데 그는 귀가 열려 있기에 형제에게 소식을 듣는 동안 아픔이 몰려와, 어쩌면 제삼자의 일처럼 보이는 사건을 자기 일로 여기고 기도에 돌입한 것입니다.

확실히 기도는 습관입니다. 그리고 그 습관은 운명을 바꿔 놓습니다. 결국 평소에 쌓는 기도가 운명을 가르게 되는 것입니다. 느헤미야가 교포로서 선지자요 총독이 된 것은 순전히 기도의 사람이었기 때문에 가능한 일이었습니다. 오늘의 우리도 바로 기도가 만든 것입니다. 그래서 우리가 변화되려면, 가장 먼저 할 일은 생각이나 환경을 바꿀 게 아니라 기도부터 해야 합니다. 기도로부터 모든 게 시작되기 때문입니다. 생각과 말과 행동뿐 아니라 환경과 운명까지 모두 바꾸는 힘은 기도밖에 없습니다. 기도란 전능의 통로를 활짝 여는 대문이고 하나님의 손을 잡는 행위고 그분의 마음을 움직이는 수단입니다. 그 모두가 기도하는 습관에서 비롯됩니다.

하나님은 우리의 기도를 통해 당신의 뜻을 이루십니다. 기도로 시작한 일 치고 실패하는 법이란 없습니다. 어떤 일이든 기도보다 앞서서는 안 됩니다. 무슨 일이든 기도부터 해야 합니다. 우리의 기도 가운데 내 이름이 점점 사라지고 형제의 이름과 공동체의 일로 부르짖는 일이 잦아진다면 그 기도는 더 힘 있는 기도가 되어 역사를 바꾸게 될 것입니다.

우리가 이 느헤미야서를 읽으며 은혜 받는 일도 기도로 시작한 일이므로 분명 삶의 변화와 영적 열매를 풍성히 거두는 성공으로 끝날 것입니다.

모든 일은 기도로 시작되고
기도로 마무리되어야 합니다.

2
어떤 하나님을 믿느냐가
내 신앙 수준이다

내가 이 말을 듣고 앉아서 울고 수일 동안 슬퍼하며 하늘의 하나님 앞에 금식하며 기도하여 이르되 하늘의 하나님 여호와 크고 두려우신 하나님이여 주를 사랑하고 주의 계명을 지키는 자에게 언약을 지키시며 긍휼을 베푸시는 주여 간구하나이다 _1:4-5.

사람은 어떤 자화상을 갖느냐가 매우 중요합니다. 그 자화상에 따라 자기의 생각과 삶이 달라지기 때문입니다. 그런데 그것보다 더 중요한 것은 우리 속에 그려진 하나님 상像입니다. 아이러니하게도 하나님은 우리 믿음에 따라 전능한 신이 되기도 하고 유약한 신이 되기도 합니다. 그래서 어떤 하나님을 믿느냐는 곧 자기의 신앙 수준이 됩니다. 즉 하나님은 언제나 똑같은 분이시지만 우리의 개념에 따라 우주 같아지실 수도 있고 콩알만 해질 수도 있다는 것입니다. 다른 것은 차치하더라도 하나님의 크기가 우리 생각에 따라 달라진다는 것은 그 얼마나 불경한 일입니까? 아무리 다른 우선순위가 있다 하더라도 하나님을 하나님 되게 하는 것보다 앞서는 일은 없습니다.

장차 대륙의 서쪽 끝으로 가서 52일 동안 동포들과 대역사를 이룰 느헤미야에겐 그 하나님의 상이 왜곡되지도 축소되지도 않았습니다. 어떤 일이든 기도보다 앞서서는 안 된다는 사실을 잘 알고 있던 느헤미야는, 또한 일이란 사전에 품은 생각들이 결정적 영향을 주는 법이라는 것도 잊지 않았습니다. 고국과 동포를 생각하며 시작했던 기도는 그의 하나님이 어떤 분이신지, 앞으로 일이 어떻게 진행될 것인지를 가르쳐 주고도 남음이 있습니다.

그가 처음 불러 외친 하나님은 "하늘의 하나님 여호와 크고 두려우신 하나님"이었습니다. '하늘의 하나님'을 더 정확하게 풀

자면 '하늘을 만드신 하나님'이란 뜻입니다. 그의 첫 마디는 바로 창조주 하나님을 부른 것이고 그것은 그대로 찬양과 경배가 되었습니다. 상대방을 어떻게 부르냐에 따라 태도는 달라지게 되어 있는데, 하나님을 그렇게 부른 느헤미야의 첫 마디는 강렬했고 그의 부르짖음에 하나님은 그를 향해 고개를 돌리셨을 것입니다. 그렇게 찬양으로 시작한 그의 기도는 곧바로 '크고 두려우신 하나님!'이라는 신앙 고백으로 이어집니다. 이 부분이 신앙 고백이 되는 이유는, 크다는 것은 그분이 사랑의 하나님이심을 간증하는 것이고, 두려우신 하나님이라는 것은 그분이 심판의 하나님이심을 고백하는 것이기 때문입니다. 그렇습니다! 우리 하나님은 사랑의 하나님이실 뿐 아니라 당신을 불신하는 자는 심판하시는 공의의 하나님이십니다.

이어서 느헤미야는 '언약을 지키시는 하나님'께 기도합니다. 사람은 약속을 위해 손가락을 걸고 도장 찍고 복사하고 코팅까지 하는 수선을 떨고도 어기기 일쑤지만 하나님은 한 번 약속한 일은 결코 어기지 않는 분이십니다. 누구든 그의 이름을 부르고 모시기만 하면 이생의 복된 삶은 물론 영원한 나라까지 선물하십니다. '긍휼을 베푸시는 하나님', 즉 불쌍히 여기고 측은히 봐주시는 하나님이십니다. 잔뜩 기대하고 간 고향은 포근한 둥지 같기는커녕 산산이 부서진 폐허 그 자체였습니다. 기대한 만큼 실망 또한 컸지만 백성의 아픔을 아시는 주님께서 결코 나 몰라라 하실 분이 아니시기에 그 존귀한 이름을 불러 구원해 주실 것을 요청하는 것입니다.

기도를 막 시작하는 초입에 벌써 그는 하나님을 창조주요 사랑과 공의의 주시라고 인정했으니 이후에 계속될 기도에 하나님의 관심이 집중되리라는 것은 분명합니다.

기도로 시작하는 것도 중요하지만 하나님을 하나님으로 인정해 드리는 것은 더 중요합니다. 기도의 면면에 흐르는 느헤미야의 신실함은 우리가 보기에도 될성부른데 하나님께는 더할 나위 없이 미쁘셨을 것입니다.

하나님을 내 속에서 축소시키지 말아야 합니다. 하나님을 하나님 되도록 인정해야 합니다. 내 수준의 하나님으로 한정시키지 말아야 합니다. 성경에 나오는 그대로의 하나님을, 느헤미야가 믿고 불렀던 그 하나님을 우리도 모셔 들여야 합니다. 그래서 우리 또한 느헤미야처럼 기도할 수 있어야 합니다.

하늘의 하나님! 크고 두려우신 하나님! 언약을 지키시는 하나님! 긍휼을 베푸시는 하나님! 그분이 바로 우리들의 하나님이십니다. 오늘도 그분께로 나아가십시오! 그분은 우리가 믿는 크기대로 역사하실 것입니다.

어떤 하나님을 믿느냐가 내 신앙 수준입니다.

3
네 죄는 내 죄다

이제 종이 주의 종들인 이스라엘 자손을 위하여 주야로 기도하오며 우리 이스라엘 자손이 주께 범죄한 죄들을 자복하오니 주는 귀를 기울이시며 눈을 여시사 종의 기도를 들으시옵소서 나와 내 아버지의 집이 범죄하여 주를 향하여 크게 악을 행하여 주께서 주의 종 모세에게 명령하신 계명과 율례와 규례를 지키지 아니하였나이다_1:6-7.

평범한 사람과 남다른 사람의 차이는 아무래도 역사의식에서 비롯되는 것 같습니다. 역사의식이란 무슨 대단한 게 아니라 과거와 미래 사이에서 현재의 상황을 조명하는 것입니다. 과거의 흐름이 지금을 만들었고 그것이 다시 미래로 직결될 것을 예상하는 것입니다. 그것은 역사학자들이나 일부 통찰력 있는 선각자들만의 전유물이 아니라 지극히 평범한 사람들이라도 조금만 생각하면 깨달을 수 있는 일입니다. 아녀자에게나 노예들에게도 그런 각성이 들어가면 그 자리에서 분연히 일어나는 일이 생깁니다. 그저 아들 없는 설움을 한탄하며 오래 기도하던 한나에게 어느 순간 이스라엘 민족 공동체의 모습이 들어오자, 한나는 단순히 아들 하나 얻고 못 얻고를 떠나 민족의 지도자를 구하는 기도를 하게 됩니다. 기도 제목은 부풀어졌고 그 대안으로 아들을 구했던 것입니다.

우리의 주인공 느헤미야 역시 그런 투철한 역사의식의 소유자라는 것은 그의 고백록 초입에서 이미 짐작할 수 있습니다.

"그 사로잡힘을 면하고 남아 있는 유다와 예루살렘 사람들의 형편을 물은즉"(느 1:2 하).

즉 그는 파멸된 이스라엘의 미래가 그 '남은 자'들에게 달려 있음을 선지자들의 기록과 구전을 통해 알고 있었던 것입니다. 자기 몸은 비록 멀리 떨어진 페르시아 왕의 안락한 궁전에 있지만 역사를 주도할 이들은 고국의 동포들임을 알고 그들의 형편에 촉각을 곤두세우고 있었다는 것입니다. 이런 탁월한 역사의식을 소유한 이들에게 공통적으로 나타나는 특징은 바로 자신과 공동체를 동일시하는 것입니다. 그래서 오늘도 계속되는 그의 기도는 어느 한 마디도 가볍지 않은, 책임을 통감하는 모습입니다. 그의 기도는 '주야'로 계속된 기도였고 저지른 죄에 대해서 '자복'하는 기도였습니다.

외관상 페르시아의 시민권자가 피정복지인 한 변방을 위해 이토록 기도하는 것은 이상스럽기까지 하지만 바로 그 모습이 시대를 이끌 만한 걸출한 인재로서의 진면목이었던 것입니다.

"일인자는 뭐가 달라도 다르다"는 말은 모든 분야에 두루 적용됩니다. 스케이팅에서 같은 동작을 하더라도 김연아 선수의 연기는 수준이 다릅니다. 정확하고 섬세하고 빠른 데다 아름답습니다. 그렇게 되기까지는 평범한 것들도 특별하게 볼 줄 아는 자기만의 안목이 있었습니다. 그 바탕은 지속적인 훈련과 통렬한 자책이었고 바로 그게 비범한 사람들이 우리에게 늘 보여주는 공통점입니다.

느헤미야를 봐도 이 모습이 눈에 확 들어옵니다. 하나님을 향한 찬양과 경배가 끝나자 간구하는 기도로 들어가면서 자책하는 고백을 합니다. 이스라엘 자손을 위해 기도하면서 "나와 내 아버지의 집이 범죄"했다는 것입니다. 예루살렘이 망하고 그 성전이 불타고 민족 전체가 수치를 당해 거의 멸문지화

滅門之禍되다시피 한 것이 어찌 느헤미야 탓이겠습니까? 그것은 하나님에 대한 이스라엘의 배반과 계속된 조상들의 죄가 직접적 원인이 됐지 '나'(느헤미야)와 내 아버지의 집이 뭘 잘못해서가 결코 아닙니다.

그런데 그렇게 수백 년 동안 누적되어 온 죄를 지금 느헤미야는 자기 혼자 다 뒤집어쓰려는 것입니다. 바로 "너의 죄는 곧 나의 죄다"라는 태도인 것입니다. 네 탓은 바로 내 탓이요 우리 탓이라는 것입니다. 이것이 그를 통해 이스라엘의 새 역사를 쓰게 한 특별한 안목이었던 것입니다. 그것은 장차 오실 예수님의 사랑과도 닮은 것이었습니다. 사실 이스라엘이 저지른 죄는 용서받기 힘든 것들이었습니다. 그것은 "모세에게 명령하신 계명과 율례와 규례", 실상은 하늘이 두 쪽 나도 반드시 지켜야 될 하나님과의 약속을 지키지 않은 것이었습니다. 이제 그 파기된 약속을 복원하기 위해 느헤미야가 홀로 일어섰습니다. 얼핏 가녀린 어깨에 지나치게 무거운 십자가를 지워 올린 듯 보이지만 그 형형한 눈에서만큼은 강한 투지를 보게 됩니다.

이제 어떻게 페르시아의 수산궁에 있던 느헤미야를 통해 먼 예루살렘의 성벽이 재건되는지 우리는 그 시작과 끝을 낱낱이 보게 될 것입니다. 그 시작은 바로 동포의 허물을 내 허물로 끌어안는 대속적 사랑에서 비롯되었습니다.

세상에서의 모든 신음은 인간이 자초한 바가 큽니다. 사실 전부 다입니다. 예수님이 책임지실 일이 아니었습니다. 하지만 예수님이 그 모두를 대신 짊어져 주셨습니다. 그러므로 우리도 그것을 닮아 가야 합니다. 네 죄를 바로 내 죄로 여기는 것이 그 시작입니다. 모든 문제는 사실 내게 있지 네게 있지 않습니다. 그래야 일은 풀리기 시작합니다. 제아무리 엄청난 문제라도 시작은 여기서부터입니다.

'네 죄는 바로 내 죄'입니다.

4
약속을 붙잡고 구하라

옛적에 주께서 주의 종 모세에게 명령하여 이르시되 만일 너희가 범죄하면 내가 너희를 여러 나라 가운데에 흩을 것이요 만일 내게로 돌아와 내 계명을 지켜 행하면 너희 쫓긴 자가 하늘 끝에 있을지라도 내가 거기서부터 그들을 모아 내 이름을 두려고 택한 곳에 돌아오게 하리라 하신 말씀을 이제 청하건대 기억하옵소서 이들은 주께서 일찍이 큰 권능과 강한 손으로 구속하신 주의 종들이요 주의 백성이니이다_1:8-10.

느헤미야가 자기 민족의 비극에 대해 전해 들은 것은 어린 시절 할아버지와 아버지로부터일 것입니다. 왜 자기 민족이 망했는지, 예루살렘은 왜 불타고 허물어졌는지, 자기는 왜 지금 이방 땅인 페르시아에서 살고 있는지, 그리고 이스라엘은 언제 회복될 것인지 등등에 대해 세세한 설명을 들었을 것입니다. 그리고 그 모든 아픔은 이제 서서히 치유되어 가고 있다고 생각했을 것입니다. 그 이유는 바로 14년 전 비록 소수지만 에스라 선지자의 인도로 자기 동포들이 고국 유다로 또 한 차례 귀환했기 때문입니다. 어려움은 있겠지만 그들이 이스라엘 공동체를 재건해 주리라 믿었고 이제 얼마 있지 않아 어머니 품 같은 예루살렘 성은 옛날의 위용을 되찾으리라 확신했습니다. 그러나 유다로부터 돌아온 형제의 소식은 자기의 그런 예상을 무참하게 뒤엎은 비보였습니다. 느헤미야의 충격이 더 컸던 것은 그런 까닭에서였습니다. 그래서 통곡하며 금식기도에 들어가지 않을 수 없었던 것입니다. 하지만 냉정히 돌아보니 지금의 이런 사태는 당연한 결과라는 판단이 섰습니다. 이런 흩어짐과 징벌은 분명히 예고된 것이었습니다.

여호와를 경외하지 않으면 그들을 흩으시겠다(신 28:64)는 경고는 이미 가나안 땅에 들어오기 전부터 있어 왔던 것이고 그것을 무시한 이스라엘은 당연히 그 대가를 치러야 했던 것입니다.

바로 이 시점에서 느헤미야가 찾아낸 하나님의 언약 또 하나가 그를 들뜨게 했습니다.

하나님은 경고의 메시지뿐 아니라 희망의 메시지도 주셨기 때문입니다. "네 하나님 여호와께로 돌아와……여호와의 말씀을 청종하면……포로에서 돌아오게 하시되……네 쫓겨 간 자들이 하늘 가에 있을지라도 네 하나님 여호와께서 거기서 너를 모으실 것이며 거기서부터 너를 이끄실 것이라"(신 30:2-4). 바로 이 약속을 붙잡았던 것입니다. 바로 지금 시점이 하나님께서 오래전에 하셨던 그 말씀을 이루어 주실 때라는 것입니다. 그는 하나님과 연결된 민족 회복의 동아줄을 무섭게 붙들고 늘어졌습니다. 이런 느헤미야 앞에 하나님은 다른 여지가 없으셨을 것입니다.

어찌 보면 느헤미야는 이 문제 앞에 먼저 아닥사스다 왕을 생각했을 수도 있었을 것입니다. 평소 자기에게 보내 주는 신뢰와 관심을 고려하면 이런 정도의 사안은 충분히 해결해 줄 수도 있으리라 여겼을 것입니다. 더욱이 왕의 영향이 직접 미치는 제국 안의 일이기에 그건 더욱 시도해 볼 만한 일이었습니다. 하지만 그는 사람을 움직이는 것보다 하나님을 움직이시게 하는 게 먼저라는 것을 안 사람이었습니다.

기도가 가장 먼저라는 것을 모르는 사람은 없습니다. 그러나 일이 터질 때면 우리는 기도해야겠다는 생각보다 먼저 해결해 줄 사람이 누구인가를 떠올릴 때가 많습니다. 그런 우리에게 느헤미야가 보여 주는 태도는 오래 기억해야 될 모범입니다. 그의 현재 위치는 요즘의 대통령 비서실장이나 특별 보좌관 같은 정도입니다. 속수무책으로 사태의 추이를 망연히 지켜볼 수밖에 없는 그런 힘없는 사람이 결코 아니었습니다. 그럼에도 그가 가장 먼저 한 일은 언약의 하나님을 붙든 것입니다. 그러고는 피를 토하는 심정으로 하나님께 호소합니다.

"청하건대 기억하옵소서!"

즉 '당신께서 하셨던 언약을 잘 압니다. 여태껏 우리가 받은 벌은 당연했습니다. 그렇게 벌받는 동안 정말 많이 깨달았고 이제는 정말 돌이킵니다. 우리를 용서해 주시고 다시 우리를 당신의 백성으로 받아 주시옵소서!' 그 기도를 드리고 있는 것입니다.

스스로 종아리를 맞으려는 아이에겐 마음이 약해질 수밖에 없습니다. 하나님도 이쯤에서 마음을 돌이키시지 않았을까 생각해 봅니다. 더욱이 느헤미야의 다음 말은 흔들리는 하나님의 마음에 쐐기를 박았습니다.

"이들은 주께서 일찍이 큰 권능과 강한 손으로 구속하신 주의 종들이요 주의 백성이니이다."

'그렇게 사랑했던 당신의 자식이 아니었습니까? 핏덩이 때부터 온 정성과 사랑으로 보살폈던 아들 아니었습니까? 해산 때

치렀던 그 산고를 잊지는 않으셨겠지요?' 하는 애절한 담판이었던 것입니다.

느헤미야는 하나님의 약점을 잘 알고 있었습니다. 어쩔 수 없이 당신의 백성을 사랑할 수밖에 없다는 사실, 그리고 당신의 약속을 붙잡고 늘어지는 한 하나님은 꼼짝없이 수용할 수밖에 없다는 사실!

그렇게 약속을 붙잡는 기도는 힘이 있습니다. 사람을 붙들지 말고 먼저 하나님을 붙드십시오! 말씀에 기록되어 있는 수많은 약속을 붙잡으십시오! 그렇게 약속을 붙들고 구하는 기도보다 더 강력한 기도는 없습니다.

지금 바로 약속을 붙잡고 기도하십시오.

5
내가 기도 응답이다

주여 구하오니 귀를 기울이사 종의 기도와 주의 이름을 경외하기를 기뻐하는 종들의 기도를 들으시고 오늘 종이 형통하여 이 사람들 앞에서 은혜를 입게 하옵소서 하였나니 그때에 내가 왕의 술 관원이 되었느니라_1:11.

어린 시절 리빙스턴의 헌금통 이야기는 유명합니다. 아프리카 선교를 위해 헌금하는 시간에, 뭔가 드리고 싶지만 가진 게 없어서 드릴 수 없게 되자 어린 리빙스턴은 자기 앞에 돌아온 헌금통에 자기 몸을 실어 넣었습니다. 비록 헌금통이 작아 겉으로는 철없는 아이가 헌금통을 깔고 앉게 된 모습이었지만, 그래서 어른들께 돌아가며 야단을 맞았지만 그것을 받으신 주님께서는 훗날 그를 아프리카를 구원하는 선교사로 사용하셨습니다. 리빙스턴 자신은 그날 모든 사람의 기도 응답이 자기일 줄은 몰랐을 것입니다.

우리는 믿음을 갖고 기도하지만 실제 본인이 응답일 수도 있다는 사실은 별로 염두에 두지 않습니다. 그래서 기도하는 것에 비해 응답이 적은지도 모릅니다. 이미 주셨음에도 받지 않은 것처럼 살면 응답받을 길은 영영 없게 되기 때문입니다. 또한 아직 받지 못한 것에 대해서는 나 자신이 응답이 되기 위한 실천에 나서야 합니다. 즉 기도한 후 아무것도 하지 않으면 그 기도는 단지 기도로만 끝나고 말 수 있다는 것입니다.

이제 느헤미야는 기도를 마쳤습니다. 짧지만 전 생애를 걸고 벼랑 끝에서 드린 듯한 기도였습니다. 그는 이 기도를 '주의 이름을 경외하기를 기뻐하는 종들'의 것과 한 묶음으로 드렸습니다. 자기뿐 아니라 같은 제목으로 간구하던 이들의 기도를 함께 모은 것입니다.

유다 사람들 중 누가 과연 그 같은 기도를 드렸을까 싶지만 어쩌면 그것은 곧 이어 벌어질 대역사에 뜻을 같이하기를 바라는 동족에 대한 희망일 수도 있었습니다. 그의 겸손은 언뜻 트인 구름 사이를 뚫고 내비치는 햇살처럼 빛납니다.

그런 기도에 대한 선물이었을까요? 그가 세워 두었던 영혼의 안테나에 어떤 영적 전파가 잡혔습니다. 그러자 그는 바로 그것을 위해 직접 나서기로 다짐합니다.

기도는 사람을 통해 응답되는 경우가 대부분입니다. 하나님은 우리의 기도를 들으시고 해결의 당사자인 사람의 마음을 감동시킵니다. 그러면 그 일은 한순간에 모두 끝나고 맙니다.

기도는 거의 그렇게 응답되지 하나님이 직접 당신의 큰 손을 드시는 경우는 좀처럼 없습니다. 우리의 기도가 우연히 응답되는 것처럼 보이는 것도 이런 이유 때문입니다.

느헤미야가 고국의 형편을 듣고 기도를 시작하면서부터 주님은 이미 그에게 아닥사스다 왕을 생각나게 하셨습니다. 성벽 재건은 그의 허락이 떨어져야 될 뿐 아니라 그의 원조 없이는 불가능하기 때문입니다. 그렇게 그가 할 일은 정해졌습니다. 그리고 이제부터 순차적으로 그 일을 진행하기로 마음먹습니다. 우선 왕과 그 계획에 관한 일을 자연스럽게 나눌 수 있어야 합니다. 일이 잘못되면 그에겐 오히려 이 일이 인생 최대의 위기가 될 수도 있기 때문입니다. 신중하고도 섬세하게 접근해야 될 일이었습니다. 그의 지혜가 가장 돋보여야 할 시점이었던 것입니다.

기도하는 그 사람이 응답에 가장 가까이 있습니다. 문제를 문제로 보지 않은 사람에겐 해답도 없는 법입니다. 성벽 재건은 느헤미야 자신의 신상과 아무 관계가 없었습니다. 그러나 그는 그 일에 부담을 느껴 기도하기 시작했고 방법을 모색한 것입니다. 사실 모든 정황을 볼 때 느헤미야만큼 이 일에 적합한 사람도 없어 보입니다. 어쩌면 이 일을 위해 하나님은 그를 미리 왕궁에 심어 놓으셨는지도 모를 일입니다.

우리 모두에게도 이런 종류의 일이 다 있습니다. 특히 하나님은 우리의 관심과 달란트가 사용될 만한 일에 그런 일을 두십니다. 즉 일을 성사시킬 만한 위치에 있는 사람에게 관심과 부담감을 주신다는 것입니다. 그래서 기도를 시작하면 응답은 바로 기도하는 그 사람을 통해 이루도록 하시는 것입니다. 이 모든 게 당연하고 자연스런 일입니다.

관심이 가고 부담이 되는 기도 제목이 있다면 그것은 본인의 사명입니다. 언제까지나 제쳐 놓고 미룰 일이 아닙니다. 그것은 많은 사람의 복과 은혜의 통로가 되는 일입니다. 무엇보다 하나님의 뜻을 이뤄 드릴 기회입니다. 아울러 그것은 사명자로 나서는 계기가 됩니다. 나를 통해 하나님의 뜻이 이루어지는 영광의 길인데 마다할 이유가 없습니다. 이런 과정 전체가 본인에게 복이 됨은 두말할 나위가 없는 것입니다.

자꾸 눈이 가고 관심이 가는 일이 있다면 기도를 시작해야 합니다. 하나님은 그 일에 당신을 필요로 하십니다. 게다가 부담감까지 있다면 그것은 사명이기 쉽습니다. 자꾸 도망가기보다는 그 일을 감당할 힘을 달라고 기도해야 합니다. 하나님은 괜히 기도시키시지 않습니다.

따라서 어떤 기도든 응답의 가장 가까운 곳에 있는 사람은 나 자신입니다.

내가 곧 기도의 응답입니다.

6
기다리면 숙성된다

아닥사스다 왕 제이십 년 니산월에 왕 앞에 포도주가 있기로 내가 그 포도주를 왕에게 드렸는데 이전에는 내가 왕 앞에서 수심이 없었더니 왕이 내게 이르시되 네가 병이 없거늘 어찌하여 얼굴에 수심이 있느냐 이는 필연 네 마음에 근심이 있음이로다 하더라 그 때에 내가 크게 두려워하여 왕께 대답하되 왕은 만세수를 하옵소서 내 조상들의 묘실이 있는 성읍이 이제까지 황폐하고 성문이 불탔사오니 내가 어찌 얼굴에 수심이 없사오리이까 하니 _2:1-3.

어떤 신인 연기자가 함께 작품을 했던 선배 연기자에 관해 얘기한 것을 들은 적이 있습니다. 당시 그 선배 연기자는 자신의 촬영 분이 한참 후인데도 누구보다 일찍 나와 기다렸습니다. 그 기다리는 모습이 의아해서 왜 시간 맞춰 오지 않고 매번 일찍 오느냐고 물었더니 이렇게 대답했다고 합니다.

"기다리는 시간은 쓸데없는 시간이 아니라 현장 속에서 보고 생각하며 날을 가는 시간이야. 어차피 인생은 뭔가 직접 하는 시간보다 그것을 위해 기다리는 시간이 더 많아. 결국 기다림 속에 일은 푹 익어 가는 거지. 우리 인생이 다 그래."

우리는 자칫 우리 삶에 기다리는 시간만 없어도 더 많은 일을 할 수 있을 것이라 생각하기 쉽습니다. 얼핏 그래 보이기도 합니다. 하지만 '많은 일'보다 우선하는 것은 '가치 있는 일'입니다. 그러기 위해서 기다리는 일은 필수입니다. 친구와 포도주는 오래돼서 숙성될수록 좋은 것과 같은 이치입니다. 그러므로 우리는 기다리는 일에 익숙해져야 합니다.

넉 달이라는 시간이 흘렀습니다. 몇 가지 일들이 느헤미야를 괴롭혔습니다. 우선 성벽 없는 도성에서 온갖 위험에 노출된 동포들의 모습이 떠올랐습니다. 또 하루라도 빨리 서둘러 성벽을 재건해야 되는데 묘안은 떠오르질 않았습니다. 무엇보다 먼저 풀어야 될 문제는 13년 전에 내려진 아닥사스다 왕의 조서였습니다. 예루살렘 성벽을 쌓기 위한 시도는 느헤미야가 처음은 아니었습니다. 13년 전, 먼저 고국으로 귀환한 에스라 선지자가 그 일을 시도했지만 주변국의 방해로 무산됐었고, 당시 그 일을 금지시켰던 아닥사스다 왕의 조서는 여전히 발효 중이었습니다. 다시 그 일을 시도하는 데 걸리는 장애는 한둘이 아니었습니다. 그의 얼굴에 수심이 어린 것은 그런 녹록지 않은 상황에도 별 뚜렷한 돌파구가 보이지 않아서였던 것입니다.

일에 아무 진전이 없어 보여도 그 시간이 의미 없는 시간은 아닙니다. 아직 하나님께서 정하신 시간이 오지 않은 것뿐입니다. 숙성되는 데는 시간이 필요합니다. 그것은 하나님의 몫이기에 그 시간에 우리 할 일은 기다리는 것밖에 없습니다. 어떤 일이든 이런 시간은 반드시 있게 마련이고 우리로서는 뚝심 있게 그 시간을 버텨 내야 합니다.

느헤미야 역시 다급하고 초조하긴 했지만 여전히 기도를 쉬진 않았고 궁에서 맡겨진 소임에도 성실을 다했습니다. 그러자 기회가 왔습니다. 왕의 시선을 끌었던 것입니다.

왕에게 술 장관이란 그저 시음試飮하고 안전을 판정해 주는 사람에 불과한 정도가 아니었습니다. 공과 사를 막론하고 어떤 대화도 나눌 수 있는 사이였습니다. 느헤미야로서는 늘 긴장의 끈을 늦출 수 없었지만 왕으로서는 대하기 편한 벗 같은 사람이었습니다. 그런데 어느 순간 왕은 느헤미야의 얼굴에 깊이 어린 수심을 읽었고 그의 신상에 뭔가 일이 생긴 것을 알아차렸습니다. 늘 충성스런 신하였기에 관심을 가졌었고 그런 그에게 마음이 갔습니다. 느헤미야의 평소 인품이 어떤지를 잘 보여주는 사례입니다.

왕과 대화가 시작된 순간 느헤미야는 당황했습니다. 여태까지 그들의 대화란 왕의 신상에 관한 것이었지 자기에 관한 게 아니었습니다. 그런데 지금 왕은 느헤미야의 근심에 대해 말을 꺼낸 것입니다. 그래서는 안 되는 일이었습니다. 신하로서 왕에게 걱정을 끼치는 일 자체가 불충이었고 그것은 자칫 목숨까지 잃을 수 있는 죄였습니다. 하지만 느헤미야는 그 짧은 순간에도 그것이 하나님이 주신 기회임을 알고 침착하고 강직하게 대처했습니다. 먼저는 아닥사스다 왕에게 만세수를 축복하고 이어서 조상의 묘실이 있는 성읍에 관한 이야기로 돌렸습니다. 조상의 묘가 있는 성읍이 무너지고 불탔다는 소식은 그 누구에게라도 충분히 근심의 이유가 됩니다. 왕은 그의 근심에 대해 공감했습니다. 이제부터가 느헤미야에겐 진짜 시작인 것입니다.

느헤미야에게 넉 달은 피 말리는 시간이었습니다. 하지만 반드시 필요한 시간이었습니다. 일을 숙성시키는 시간이었던 것입니다. 우리에게도 그런 시간은 꼭 있습니다. 온갖 근심과 걱정이 계속되는데도 하나님은 응답하시지 않습니다. 우리는 어쩔 수 없이 기다리게 되고 그 시간들은 쓸데없는 시간처럼 느껴집니다. 온갖 상념이 교차되는 가운데 좌절과 절망, 체념 등이 짙게 드리워지는 시간도 그때입니다. 그 시간을 통해 우리는 낮아지고 겸손해집니다. 그러므로 그 시간은 하나님이 푹 익히시는 시간이지 결코 괜한 낭비가 아닙니다.

나중에야 그 시간이 가장 소중한 때였음도 알게 됩니다. 평소처럼 내 일에 충실하고 기다려야 합니다. 기다리는 시간은 결코 무의미한 시간이 아닙니다. 그러므로 기다림은 소망 중에 맞을 일이지 짜증과 권태로 맞이할 일이 아닙니다.

그렇게 기다림은 우리 몫이고 숙성은 하나님 몫입니다.

기다리면 반드시 숙성됩니다.

7
기도로 준비한 사람이
기회를 얻는다

왕께 대답하되 왕은 만세수를 하옵소서 내 조상들의 묘실이 있는 성읍이 이제까지 황폐하고 성문이 불탔사오니 내가 어찌 얼굴에 수심이 없사오리이까 하니 왕이 내게 이르시되 그러면 네가 무엇을 원하느냐 하시기로 내가 곧 하늘의 하나님께 묵도하고 왕에게 아뢰되 왕이 만일 좋게 여기시고 종이 왕의 목전에서 은혜를 얻었사오면 나를 유다 땅 나의 조상들의 묘실이 있는 성읍에 보내어 그 성을 건축하게 하옵소서 하였는데 그 때에 왕후도 왕 곁에 앉아 있었더라 왕이 내게 이르시되 네가 몇 날에 다녀올 길이며 어느 때에 돌아오겠느냐 하고 왕이 나를 보내기를 좋게 여기시기로 내가 기한을 정하고 내가 또 왕에게 아뢰되 왕이 만일 좋게 여기시거든 강 서쪽 총독들에게 내리시는 조서를 내게 주사 그들이 나를 용납하여 유다에 들어가기까지 통과하게 하시고 또 왕의 삼림 감독 아삽에게 조서를 내리사 그가 성전에 속한 영문의 문과 성곽과 내가 들어갈 집을 위하여 들보로 쓸 재목을 내게 주게 하옵소서 하매 내 하나님의 선한 손이 나를 도우시므로 왕이 허락하고 _2:3-8.

오케스트라의 첼로주자였던 토스카니니가 지휘자로 데뷔한 것은 정말 우연이었습니다. 해외 공연 중 악단과 지휘자 간에 갈등이 생겨 지휘자가 연주장을 떠나자 단원 중 유일하게 악보 전체를 외우고 있던 토스카니니에게 지휘 기회가 돌아간 것입니다. 그 공연은 성공적으로 끝났고 그것을 계기로 그는 지휘자의 길로 들어섰습니다. 그때 악보를 외우지 못했거나 평소에 음악적인 준비가 되지 않았다면 그에게 20세기 최대의 거장이란 명성은 생겨나지 않았을 것입니다.

기회란 누구에게나 오지만 그 기회를 잡는 사람은 평소에 준비된 사람입니다. 준비되지 않으면 아무리 기회가 온다 하더라도 번번이 놓칠 수밖에 없습니다. 즉 실력 있는 이에게 기회가 주어진다는 것입니다. 우리에게 기회를 잡는 실력이란 평소에 쌓는 기도입니다.

오늘 느헤미야에게 그 일이 일어났습니다.

아닥사스다 왕이 느헤미야에게서 수심을 발견하고 근심거리가 있냐고 물었을 때 그는 일순간 성벽 재건에 관한 이야기를 하고 싶었을 것입니다. 하지만 그는 침착했습니다. 주변 나라가 관련되어 있는 성벽 재건은 곧바로 정치 문제로 비화될 것이고 그것은 유다에 전혀 유리할 게 없었습니다. 그 대신 조상의 묘실이 있는 성읍의 황폐함을 들어 왕의 관심을 자기 일로 돌렸습니다. 정치 문제를 개인사로 바꿔 말한 것입니다. 왕후까지 함께 있던 만큼 유쾌한 자리였을 것이고 포도주로 관대해진 왕은 느헤미야의 근심을 덜어 주고 싶었습니다.

드디어 기도하며 기다리던 순간이 찾아왔습니다. 왕에게서 가장 듣고 싶은 얘기가 터져 나온 것입니다.

"네가 원하는 게 뭐냐?"

실로 느헤미야는 이때를 기다린 것입니다.

기도의 정의를 말할 때 사람들은 "기도는 하나님과의 대화다"라고들 합니다. 맞는 얘기지만 실제 그 의미를 알고 그것을 누리는 사람은 많지 않습니다. 대체로 우리는 원하는 것을 일방적으로 하나님께 올려 보내는 것을 기도라고 생각합니다. 그리고 하나님이 받은 청구서를 보고 적당한 때에 일방적으로 내려 주시는 것을 기도 응답이라고 생각합니다. 아울러 기도의 효능은 "그 정도면 됐지"라고 생각합니다. 하지만 그런 기도는 계란의 노른자를 빼고 흰자만 먹는 것과 같습니다.

기도는 연주자들의 연습과 같습니다. 연습을 하는 이유는 물론 좋은 연주를 위해서입니다. 그래서 연습을 많이 하면 할수록 실력은 늘고 그것은 공연 때 훌륭한 연주로 나타납니다. 청중들의 뜨거운 갈채와 평론가들의 평가가 결과물로 나오게 됩니다. 하지만 연습을 이런 정도로만 여기면 거기엔 음악 자체가 주는 즐거움과 감동이 사라지게 됩니다. 연습은 음악과의 대화여야 합니다. 그래서 진정한 연습이란 그 시간에 음악을 누리는 단계에까지 올라야 합니다. 그래야 그 시간은 음악과의 사귐이 있는, 그 자체가 즐거운 시간이 되는 것입니다. 기도도 마찬가지입니다. 기도가 응답으로만 끝나는 것으로 알면 하나님과 교제를 통한 기도의 즐거움은 누리지 못하게 됩니다. 즉 하나님과 우리 사이는 공적인 관계가 될 뿐이어서 사적이고 은밀한 대화는 누릴 수 없게 된다는 것입니다.

기도의 즐거움이란 나와 하나님 사이에 흐르는 은밀한 교제에 있습니다. 하나님이 응답해 주시는 것은 물론이지만 기도하는 사람은 그전에 주님과 대화를 통해 이미 사안마다 충분한 리허설을 해보게 됩니다. 주님이 선생님이 되셔서 지도해 주시는 레슨 시간처럼 된다는 것입니다.

따라서 기도를 오래하면 실제 상황에 부딪혀도 평소 선생님과 연습한 대로 연주할 수 있게 됩니다. 이미 연습은 충분히 되어 있으므로 전혀 어려울 게 없습니다. 그래서 평소의 기도가 진짜 실력이 되는 것입니다. 이것이 기도의 진정한 의미입니다.

느헤미야는 기회가 오자 유감없이 실력을 발휘합니다. 잠깐 집중해서 주님께 기도드리니 모든 게 선명해졌습니다. 넉 달 동안이나 숙성시킨 리허설이었으므로 거칠 게 없었습니다. 그는 자신의 요구를 분명하고도 꼼꼼하게 아닥사스다 왕에게 말하고 왕은 모두 허락합니다.

이렇게 해서 예루살렘 성벽 재건 프로젝트는 승인이 떨어졌습니다. 이것이 느헤미야의 실력이었습니다. 이제 그는 왕과 약속한 기간 동안, 142년 전에 무너져 그대로 방치된 예루살렘 성을 다시 쌓을 수 있게 되었습니다. 그 자신이 직접 동족들을 데리고 고국으로 돌아갈 것이고 거기서 이스라엘의 남은 자들과 함께 역사의 주춧돌을 놓게 될 것입니다.

느헤미야와 아닥사스다 왕의 담판은 이렇게 느헤미야의 승리로 끝났습니다. 이 모두가 평소에 쌓아 둔 기도가 없었다면 도저히 얻을 수 없는 기회였습니다. 기회란 그렇게 기도로 준비한 자의 것이 됩니다. 이 일 후에 그는 승전보를 이렇게 기록합니다.

"내 하나님의 선한 손이 나를 도우시므로 왕이 허락하고."

모두 하나님이 하셨다는 그의 고백이 미덥기 그지없습니다.

기도의 힘은 우리가 상상한 것보다 훨씬 강합니다. 기도는 응답받는 수단이 아니라 그 자체가 목적이 됩니다. 물론 기도라는 가도街道의 끝엔 우리가 궁극적으로 받기 원하는 게 기다리고 있지만, 더 좋은 것은 그 길 자체도 너무 아름답다는 것입니다. 우리는 그 길을 즐겁게 가면서 그 가도의 향취에 흠뻑 취하면 됩니다. 기도는 기회를 얻게 해줄 뿐 아니라, 그 자체가 신나는 모험입니다. 기도의 가도로 즐겁게 들어서십시오!

기도로 준비한 사람이 기회를 얻습니다.

2부

추진력 있는 지도자

기도도 했고 마음으로 이것이구나 하는 믿음이 들어왔는데도
우리는 실제 행동에 앞서 또 한 번
'이게 정말 맞나?' 주춤거리게 됩니다.
그냥 행동으로 옮기십시오!

8
감동받으면 돕게 된다

군대 장관과 마병을 보내어 나와 함께하게 하시기로 내가 강 서쪽에 있는 총독들에게 이르러 왕의 조서를 전하였더니 호론 사람 산발랏과 종이었던 암몬 사람 도비야가 이스라엘 자손을 흥왕하게 하려는 사람이 왔다 함을 듣고 심히 근심하더라_2:9-10.

성경엔 가끔 하나님의 사람을 감탄시키는 이방인들이 등장해 눈길을 끕니다. 그 대표적인 예가 야곱 시대의 바로 왕입니다. 아무리 꿈 해석을 잘했다 한들 하루아침에 변방 히브리의 한 종을 애굽(이집트)의 총리로 등용하는 것은 있을 수 없는 파격적 인사입니다. 요셉 개인에게 일어난 섭리도 놀랍지만 한눈에 사람을 알아보고 나라 전체 살림을 맡긴 바로 왕의 배포와 안목에는 혀를 내두르지 않을 수 없습니다. 그만큼은 아니더라도 우리의 주인공 느헤미야에게 은혜를 베풀었던 아닥사스다 왕의 처신도 의구심과 함께 감동을 줍니다. '다 하나님이 섭리하시니까 그런 일이 생기는 것이지' 생각하면 일상사에서 우리가 배울 것은 아무것도 없게 됩니다. 하나님은 생각보다 상식적이십니다. 있을 성싶지 않은 일들을 마구 배치해 두시지는 않습니다. 구원 역사라는 큰 틀 가운데 인간 사이의 관계에도 자잘한 교훈과 감동을 무수히 숨겨 놓으셨습니다. 그것을 캐내어 씹으면 그 감칠맛은 오랫동안 입속에 맴돌게 됩니다.

느헤미야가 왕에게 받은 선물은 예루살렘까지 가는 동안 통과해야 될 나라의 통행증과 성을 쌓기 위한 재목들뿐만이 아니었습니다. 그 일행을 보호해 줄 군대까지 붙여 준 것입니다. 이 점은 느헤미야도 생각지 못한 일이었습니다. 한 달 가까이 걸리는 여정에 어떤 일이 벌어질지는 예측 불가능한 일입니다. 더욱이 느헤미야의 유다 행이 소문나면 주변국들의 발호跋扈는 불을 보듯 뻔합니다. 그러므로 일행을 보호할 군대의 파병은 더없이 필요한 조치였습니다. 무엇이 왕으로 하여금 느헤미야에게 마음 쓰도록 했을까요?

사실 왕에게 느헤미야의 행동은 불충으로 생각할 여지도 충분했습니다. 외국인을 등용해서 그 정도까지 올린 것 자체가 전례 없는 일인데, 왕을 떠나겠다는 것은 배은망덕한 것입니다. 그럼에도 왕이 느헤미야를 배려한 것은 분명히 이유가 있을 것입니다.

사람들은 자기와 별 상관없는 일에 관심 갖는 사람에게 눈길이 갑니다. 자기 일에 충실하고 권모술수 없는 진실한 인간미는 왕 주변 신하들에겐 기본입니다. 특히 동방의 왕이란 피의 암투 가운데 오르는 자리라 늘 예민해 있기 십상입니다. 고르고 또 고른 품성 좋은 인재들이 왕 주변에 배치되는 것은 당연합니다. 그들에겐 충성 다해 왕을 섬기는 대가로 영화가 보장됩니다. 느헤미야도 그런 신하 중 하나였을 텐데 언제부턴가 수심이 생겨 생기가 사라졌습니다. 알고 보니 모국의 참화를 듣게 된 까닭이라는 것입니다. 그리고 할 수만 있다면 달려가서 일을 해결하고 돌아오겠다는 것입니다. 그깟 일로 왕을 떠나는 것은 괘씸한 일이며, 더욱이 역사적으로 계속 골치를 썩여 왔던 유다의 일이라 달갑진 않았지만, 그 마음이 가상한 것입니다. 고생길인데다 한 번도 가보지 않은 조국의 일에 책임지는 모습이 마음에 들었습니다. 섬세한 미각만 있는 줄 알았더니 장부답기까지 한 것입니다. 생각해 보니 느헤미야로서는 왕이 생각한 대로 '그깟 일' 정도의 가벼운 일이 아니란 게 이해가 갔습니다. 오래 곁에 두고 싶은 마음에 왕은 그를 보내기로 작정한 것입니다.

아닥사스다 왕의 입장에서야 이런 감동으로 느헤미야를 도운 것이지만 우리로서는 또 다릅니다. 감동은 여럿일 수 있지만 가장 깊은 감동은 언제나 희생의 모판에서 자란 것들입니다. 냉정히 생각해 보면 느헤미야에게 조국의 일은 강 건너 불이었습니다. 사실 느헤미야는 이미 페르시아 사람이 됐고, 권력이든 돈이든 명예든 아무것도 아쉬운 게 없었습니다. 그 땅에서 살아가면 될 일이었습니다. 그러나 그는 자기 내면의 소리를 들었고, 부담을 가졌고, 그것을 사명으로 알아 책임졌습니다. 아무리 느헤미야라도 본인의 자유의지로 이 모든 상황을 질끈 눈감아 버리고 지나가면 그뿐인 일입니다. 하지만 그는 이 모든 상황을 수용했습니다. 그것은 모든 기득권을 버리는 일이었지만 큰 뜻에 자기를 내려놓은 것입니다. 그건 희생이었고, 그 희생이 사람들을 감동시켰고, 감동되자 돕게 된 것입니다.

그러고 보면 희생은 고독하기만 한 일은 아닙니다. 희생은 언젠가는 싹이 나고 꽃이 피어 열매를 맺는 씨입니다. 그러므로 희생은 먼 곳에 두고 가까운 곳으로 오면 피할 그 무엇이 아닙니다. 어떻게든 환영하도록 노력해야 할 손님 같은 것입니다. 그리고 언젠가는 삶의 가장 중요한 목표로까지 승화시켜야 할 고귀한 마음입니다.

사람들은 누구든 감동받기를 원합니다. 혹 오늘 당신이 그렇게 감동받기를 원하면 신약성경의 앞부분을 펴십시오! 거기엔 삶 자체가 희생이신 어떤 분의 행적이 기록되어 있습니다.

그 자취를 따라가다 보면 마지막엔 처형틀 하나만 남게 된다는 것을 알게 될 것입니다. 그게 바로 우리 감동의 근원이 되는 샘입니다. 그 샘을 마음껏 마시십시오. 그러면 감동은 우리 속에서 끊임없이 샘솟을 것입니다.

감동은 희생의 모판에서만 자랍니다. 그 모판 한 귀퉁이에 자아를 누이십시오! 당신은 곧 감동 주는 삶의 주인공이 될 것입니다. 그러면 원하지 않아도 당신을 돕는 사람은 여기저기에서 벌 떼처럼 일어날 것입니다.

감동받으면 돕게 됩니다.

9
하나님이 내 마음에 주신 것을 하라

내가 예루살렘에 이르러 머무른 지 사흘 만에 내 하나님께서 예루살렘을 위해 무엇을 할 것인지 내 마음에 주신 것을 내가 아무에게도 말하지 아니하고 밤에 일어나 몇몇 사람과 함께 나갈새 내가 탄 짐승 외에는 다른 짐승이 없더라 그 밤에 골짜기 문으로 나가서 용정으로 분문에 이르는 동안에 보니 예루살렘 성벽이 다 무너졌고 성문은 불탔더라 앞으로 나아가 샘문과 왕의 못에 이르러서는 탄 짐승이 지나갈 곳이 없는지라 그 밤에 시내를 따라 올라가서 성벽을 살펴본 후에 돌아서 골짜기 문으로 들어와 돌아왔으나 _ 2:11-15.

느헤미야는 지금 자서전을 쓰듯이 자기 얘기를 써나가고 있습니다. 본인이 겪었던 일들을 가능한 한 구체적으로 기록하고 있는 것입니다. 왕과의 담판 후, 느헤미야는 페르시아 군대의 보호 아래 꿈에도 그리던 예루살렘에 안착했습니다. 사료를 보면 이때 함께 돌아온 동포는 4만 2천 명 정도인데, 이들 역시 고향으로의 귀환이 믿을 수 없을 만큼 감격스러웠을 것입니다. 마침내 선지자들의 예언이 이루어졌다며 크게 기뻐하는 모습이 그려집니다. 느헤미야의 대외적 직분은 총독이었지만 그는 성벽을 중건하는 데 온통 마음이 쏠려 있었습니다. 그래서 귀환의 감격을 느낄 틈 없이 당면한 문제에 착수해야 했습니다. 기도의 사람 느헤미야는 이때도 다시 기도로 시작했습니다. "머무른 지 사흘 만에" 활동을 재개했다는 것은 그 시간이 휴식과 함께 모종의 준비 기간이었음을 보여 주는 것입니다. 그리고 바로 그때 그는 하나님으로부터 "예루살렘을 위해 무엇을 할 것인지 내 마음에 주신 것"을 받았음에 틀림없습니다. 그것은 분명히 예루살렘 성벽 재건에 관한 전체 청사진이었을 것입니다.

우리는 하나님의 역사를 한 장 한 장 써갔던 성경의 주인공들이 어떻게 매번 하나님의 지시를 받을 수 있었을까 궁금해합니다. 그들은 결코 하나님보다 앞서지 않았습니다. 그것은 매사 하나님의 명령을 따라 움직였다는 것이고, 곧 기도마다 응답을 받은 후에야 행동에 나섰다는 얘기가 됩니다. 우리에게도 기도

할 때마다 매번 주님의 음성이나 확실한 표적이나 아니면 응답이라고 느낄 수밖에 없는 이상 현상을 통해 그 증거를 보여 주셨으면 좋겠는데 아쉽게도 그런 응답은 참으로 드뭅니다.

오늘 느헤미야는 분명히 "내 마음에 주신 것"으로 일을 시작했는데, 그렇다면 우리는 "내 마음에 주신 것"을 어떻게 알 수 있을까요? 확실히 기도를 아무리 오래하고 자주 한다 해도 우리가 쉽게 알 수 있는 음성이나 기적을 통해 이것이 응답이다 보여 주시는 경우는 거의 없습니다. 어쩌면 그 점에 있어서는 우리 믿음의 조상들 역시 비슷하지 않았을까 싶습니다. 하나님께서 매번 직접 나타나시거나 음성으로 답하시거나 표적을 보여 주셨겠습니까? 여기에는 다른 무엇이 있는 게 틀림없습니다.

역시 답은 기도에 있습니다. 기도하게 되면 우리는 어떤 생각이나 사안에 따른 그림(계획)이 그려집니다. 그리고 기도를 거듭할수록 잔가지들은 쳐져 굵은 가지만 남게 되고, 그림은 더 진하고 선명하게 그려집니다. 그리고 어느 순간 이것이구나, 하는 확신이 듭니다. 바로 그게 응답입니다. 하나님이 우리에게 지성과 감정과 의지를 주신 것은 그것을 충분히 활용하라는 것입니다. 그리고 그것으로 하나님의 뜻을 이루게 되는 데는 분명히 성령님의 개입이 있습니다. 그러니까 우리가 기도하면 주님께선 우리의 지知·정情·의意를 성령님의 개입하에 작동시키십니다. 그리고 그 결과는 우리 속의 믿음으로 나타납니다.

아울러 응답은 계속 진화합니다. 느헤미야의 성벽 재건을 예로 들자면, 아마도 주님은 그 모든 공정을 한꺼번에 확실하고 완벽하게 보여 주시지는 않았을 것입니다. 일을 해나가면서 계속 고쳐 주시고 바꿔 주셨을 것입니다. 목적지는 분명하지만 항로는 끊임없이 맞춰 나가야 하는 것과 같습니다.

여기에 걱정할 필요가 없는 사안이 또 하나 있습니다. 기도도 했고 마음으로 이것이구나 하는 믿음이 들어왔는데도 우리는 실제 행동에 앞서 또 한 번 '이게 정말 맞나?' 주춤거리게 됩니다. 그냥 행동으로 옮기십시오! 실제로 우리가 우려한 대로 '이게 아닌 것 같네'라는 생각이 들 수도 있습니다. 그런 경우엔 성령님이 어떤 모양으로든 막아 주시니 걱정할 필요 없습니다. 그때 우리는 또 기도하고 맞춰 가면 됩니다. 결론적으로 기도 자체의 힘과 성령님의 인도와 하나님의 형상으로 창조된 우리 속의 지성과 감정과 의지를 믿으십시오! 즉 기도 끝에 생기는 내 속의 생각대로 먼저 부딪쳐 보십시오! 틀림없습니다! 그리고 계속 기도한다는 전제가 있는 한, 기도 중에 어떤 변수가 생겨도 그것은 막막해할 일이 아닙니다. 기도는 모든 것을 가능케 하기 때문입니다.

사흘째 되던 밤 느헤미야는 두어 사람의 보좌관만 데리고 현장을 답사합니다. 상황은 생각보다 훨씬 더 처참했습니다. 손을 덜어 주리라 기대했던 주추들은 골짜기로 무너져 내린 데다 다시 쓸 수 있으리라 예상한 바위들마저 산산조각이 나 흙에 덮여 있었습니다. 성벽을 순회하는 길 또한 수풀에 덮여 왕의 못과 샘문 가는 길 앞에서 끊겨 있었습니다. 그야말로 성벽은 뭐하나 건질 것 없이 완전히 파괴됐고 성문마저도 불타 없어졌습니다. 산꼭대기에다 십 리 가까운 성벽을 둘러야 하는 것은 불가능하겠다는 생각이 들었을 것입니다. 그만큼 대공사에 난공사였던 것입니다. 그 밤에 아무에게도 알리지 않고 현장을 다녀온 느헤미야의 심중이 어땠을지는 짐작하고도 남습니다. 그래도 느헤미야는 지금까지 인도하신 하나님이 계시기에 낙망하지 않았을 것입니다. 또다시 주님 앞에 무릎 꿇었을 것이고 그 기도가 끝날 즈음에는 다시 성벽을 쌓을 열정으로 불타 올랐을 것입니다. 우리의 느헤미야는 주님께서 "무엇을 할 것인지 내 마음에 주신 것을" 따라 다시 일어설 것입니다.

오늘도 기도할 때 주님은 우리에게 내 마음에 할 일을 주실 것입니다. 그동안 해왔던 일들은 더 선명하게 인도하실 것이고 새로이 할 일 또한 흐릿하게나마 보여 주실 것입니다. 성령의 이끄심을 믿고 오늘도 그 결대로 기도해 나가십시오! 그렇게 기도한 "내 마음에 주신 것"은 느헤미야의 그것처럼 나의 전후좌우와 사방팔방을 막는 견고한 성이 될 것입니다.

오늘도 하나님이 내 마음에 주신 것을 따라
확고하게 나아가십시오!

10
일을 되게 하는 것은 자신감이다

그 밤에 시내를 따라 올라가서 성벽을 살펴본 후에 돌아서 골짜기 문으로 들어와 돌아왔으나 방백들은 내가 어디 갔었으며 무엇을 하였는지 알지 못하였고 나도 그 일을 유다 사람들에게나 제사장들에게나 귀족들에게나 방백들에게나 그 외에 일하는 자들에게 알리지 아니하다가 후에 그들에게 이르기를 우리가 당한 곤경은 너희도 보고 있는 바라 예루살렘이 황폐하고 성문이 불탔으니 자, 예루살렘 성을 건축하여 다시 수치를 당하지 말자 하고 또 그들에게 하나님의 선한 손이 나를 도우신 일과 왕이 내게 이른 말씀을 전하였더니 그들의 말이 일어나 건축하자 하고 모두 힘을 내어 이 선한 일을 하려 하매 호론 사람 산발랏과 종이었던 암몬 사람 도비야와 아라비아 사람 게셈이 이 말을 듣고 우리를 업신여기고 우리를 비웃어 이르되 너희가 하는 일이 무엇이냐 너희가 왕을 배반하고자 하느냐 하기로 내가 그들에게 대답하여 이르되 하늘의 하나님이 우리를 형통하게 하시리니 그의 종들인 우리가 일어나 건축하려니와 오직 너희에게는 예루살렘에서 아무 기업도 없고 권리도 없고 기억되는 바도 없다 하였느니라_2:15-20.

한국과 오스트리아에서 각각 한 번씩 운전면허 시험을 본 적이 있습니다. 두 번 다 합격할 수 있었던 것은 옆에 탔던 시험관의 "자신감을 갖고 해보세요. 될 겁니다"라는 격려의 말 덕분이었습니다. 자신감이란 자기를 믿는 마음입니다. 사실 자기가 자기를 믿어 주지 않으면 이 세상에 자기를 믿어 줄 사람은 아무도 없습니다. 그럼에도 자신감을 갖는다는 것은 말처럼 쉽지 않습니다. 믿을 만한 힘이나 근거가 자기 속에 든든히 구축돼야 하는데 그게 늘 부족하기 때문입니다. 그렇더라도 우리들의 자신감이란 믿지 않는 사람들과는 확연히 차이가 납니다. 우리의 자신감은 나로부터가 아니라 우리 주님께로부터 나오기 때문입니다.

드디어 느헤미야가 성벽을 쌓기 위한 대장정에 돌입합니다. 이 일은 전적으로 하나님의 지시하심에 따라 시작된 것이므로 머뭇거릴 이유가 없었습니다. 성벽 쌓는 기간 내내 하나님이 함께하실 것이고 거기에 필요한 모든 자원도 일체 다 공급하실 것입니다.

문제는 이런 자신의 각오와는 달리 실제 성 쌓는 노역을 감당해야 할 백성들 모두가 같은 마음이 되지는 않은 데 있었습니다. 무너지고 황폐해진 현장을 본 느헤미야로서는 공사가 생각보다 훨씬 더 힘들 것임을 알고 덜컥 겁이 났을 것입니다. 인간의 눈으로 본 상황은 절망적이었습니다. 하지만 그쯤은 이미 예상했던 일이었습니다.

느헤미야가 밤에 현장 답사를 한 날과 백성들 앞에서 자기의 결심을 밝힌 때 사이엔 약간의 시차가 있음을 알 수 있는데, 물론 그때 그가 한 일은 기도였을 것입니다. 그런 시간 가운데 주님은 지금 느헤미야가 처한 상황을 알려 주시고 어떻게 일을 풀어 나갈 것인지 또 친절하고 꼼꼼하게 가르쳐 주셨을 것입니다. 그렇게 또 한 번 레슨을 받은 느헤미야는 다시 자신감으로 충만했을 것입니다. 기도란 그렇게 사명을 확인받는 시간이고 자신감을 부여받는 시간입니다. 물론 느헤미야가 그렇게 도약을 위해 잔뜩 움츠린 그때도 주님은 다른 한편으로는 성벽 중건을 위한 땅 고르기를 시작하셨습니다.

귀환해서 황폐해진 옛 도읍을 처음 바라본 백성들의 심중이 어땠을지 예상하는 것은 어렵지 않습니다. 고향에 돌아왔다는 감격은 잠깐이었고 이내 지금 이대로라면 다시 어려움을 겪으리라는 것은 뻔했습니다. 성읍에 성벽이 없다는 것은 무방비 상태요, 대책 없는 상황입니다. 이 사실은 어린아이라도 알 수 있는 일이었습니다. 고향에 돌아온 것과 시름을 시작한 것은 거의 동시였을 것입니다. 그런 비감悲感은 남아 있던 자들이나 귀환한 자들 모두의 동병상련이었습니다.

어느 순간 아무 힘도 없었던 백성들은 자기들을 이곳까지 인도해서 데려온 리더를 바라보지 않을 수 없게 되었을 것입니다.

뭔가 하긴 해야 하겠는데 자기들로서는 도무지 엄두가 나질 않는 것입니다. 그래서 느헤미야만 바라보게 되는 상황, 이것이 바로 성벽 재건 전야까지 하나님이 하신 땅 고르기였습니다. 하나님은 하나님대로 성벽 재건을 위해 일하셨던 것입니다. 분위기를 고조시키신 것입니다.

백성들의 마음도 이미 그즈음엔 푹 절인 배추처럼 순순해졌습니다. 바로 그때 느헤미야는 전체 백성 앞에서 성벽 재건을 외친 것이었습니다. 어쩌면 백성들 자신이 더 바라던 바인지도 모를 일이었습니다. 사람들은 필요하고 보람된 일이라면 희생을 각오하는 법입니다. 여러 상황이 동시에 맞아떨어져서 자발적으로 일하게 하는 것은 전적으로 하나님의 조율 방법입니다. 바로 지금이 그런 때였습니다. 게다가 그동안 느헤미야에게 있었던 일을 알게 되자 백성들의 사기는 더할 나위 없이 높아졌습니다.

이 일에 장애가 될 일 몇 가지가 이미 다 해결됐기 때문입니다. 성벽을 쌓아도 좋다는 조서와 거기에 필요한 자재는 이미 왕의 허락이 떨어져 있던 것입니다. 자신감은 느헤미야에게서 귀족들로, 방백들로, 전 백성들 사이로 급속히 전염되고 확산됐습니다.

물론 이런 분위기에 찬물을 끼얹으려 시도한 자들이 몇 있었지만 느헤미야는 한두 마디의 경고로 그 방해꾼들을 일축해 버립니다.

느헤미야를 알면 알수록 그는 철저히 기도의 사람이었다는 것을 인정하지 않을 수 없습니다. 특히 기도가 끝난 후 그의 모습은 기도하기 전과는 딴판임을 봅니다. 그의 기도는 자신감을 충전받는 시간이었고 믿음의 두께와 넓이를 견고케 하는 시간이었습니다.

백성들은 그의 자신감에 자신을 얻었고, 그 자신감을 옆의 동료들과 서로 나누었습니다. 그리고 백성들 전체는 그 자신감 속에 하나가 될 수 있었습니다.

자신감은 꼭 자신이 있어서 갖게 되는 마음은 아닙니다. 사실 어떻게 우리가 늘 자신감으로 충만할 수 있겠습니까? 하지만 우리가 자신감을 가질 수 있는 것은 우리 자체로 뭔가 가진 것이 있어서가 아닙니다. 우리가 기도하면 우리 속엔 이미 주님이 친히 무엇인가 하실 것임을 믿는 믿음이 생기고, 바로 그 믿음은 우리에게 자신감으로 나타나는 것입니다. 그래서 우리가 자신감 없어 보이는 것은 믿음이 없다는 것을 보여 주는 불신앙입니다.

따라서 아직 뭔가 덜 채워졌다 하더라도 자신감을 갖고 자신 있게 행동하는 것은 전혀 허황된 일이 아닙니다. 오히려 하나님이 기뻐하시는 일입니다. 성공하려면 성공한 사람처럼 행동해야 하듯이 자신감이 있으려면 자신 있는 사람처럼 행동해야 합니다. 즉 자신감이 자신감을 낳는 것입니다.

뭔가 가진 것이 있어서 자신감을 갖는 것은 당연한 일입니다. 그러나 자신이 없을 때 자신감을 갖는 것도 훌륭한 마음가짐입니다. 그리고 우리의 모습이란 가진 것이 있건 없건 자신감으로 충만해야 합니다. 왜냐하면 우리가 믿든 안 믿든 우리가 가진 것은 거의 무한대이기 때문입니다. 우리의 공급처는 하나님이시고 그분은 모든 것을 가지신 분입니다. 자녀인 우리에게 그것을 주시는 것은 당연한 일 아닙니까?

자신감은 힘처럼 기르면 생기는 것입니다. 그 자신감의 근원이신 주님을 믿고 자신감을 가지십시오! 다시 말하지만 자신감 있게 행동하는 게 실제로 자신감을 줍니다.

오늘도 매사 자신 있게 사십시오!

일을 되게 하는 것은 자신감입니다

11
내 일은 모두를 위한 것이다

미문 위로부터는 제사장들이 각각 자기 집과 마주 대한 부분을 중수하였고 그다음은 임멜의 아들 사독이 자기 집과 마주 대한 부분을 중수하였고 그다음은 동문지기 스가냐의 아들 스마야가 중수하였고 그다음은 셀레먀의 아들 하나냐와 살랍의 여섯 째 아들 하눈이 한 부분을 중수하였고 그다음은 베레갸의 아들 므술람이 자기의 방과 마주 대한 부분을 중수하였고 그다음은 금장색 말기야가 함밉갓 문과 마주 대한 부분을 중수하여 느디님 사람과 상인들의 집에서부터 성 모퉁이 성루에 이르렀고 성 모퉁이 성루에서 양문까지는 금장색과 상인들이 중수하였느니라 _3:28-32.

생전에 7남매를 두셨던 부모님의 한결같은 바람은 자식들이 당신들께 뭘 잘해 드리는 것보다 각자 잘 사는 것이었습니다. 늘 "너희들이나 잘 살면 된다"라고 말씀하셨습니다. 그리고 그게 무엇보다 좋은 효도라고 누누이 강조하셨습니다. 한때는 그것이 그냥 하시는 말씀인 줄 알았는데 직접 아이를 키워 보니 그 마음이 진심이었다는 것을 알았습니다. 그것은 열 손가락 중 검지든 새끼든 생손 하나를 앓게 되면 온몸이 아픈 것과 같은 이치일 것입니다. 그리고 이런 일은 공동체에서도 비슷하게 벌어집니다. 누군가 하나에게 힘든 일이 생기면 그 여파는 모두에게 음으로 양으로 미치게 됩니다. 그러므로 각자가 성실하게 살아 주는 것이 결국 모두에게도 유익이 되고 이런 현상은 사역에서도 똑같이 적용됩니다. 즉 자기가 성실하면 그 수혜는 전체에게 돌아가게 된다는 것입니다.

이미 성벽을 쌓기 전 꼼꼼한 계획을 세운 느헤미야는 이 일을 추진할 때 자기 가진 모든 것을 동원합니다. 왕의 조서 및 유다의 총독이라는 공권력과 더 이상 이방에 수치를 당하지 않을 대의명분을 자극해 백성의 마음을 모읍니다. 그러나 무엇보다 백성들의 자원을 유도한 것은 느헤미야 자신의 희생이었습니다. 왕궁의 영화를 버리고 황무한 곳으로 온 그의 선택이 백성들을 감동케 한 것이었습니다.

성벽 재건은 착실히 진행됐습니다. 무엇보다 하나님의 지혜를 얻은 느헤미야는 한 가지 원칙을 세웠는데, 백성들이 모두 분담을 하되 자기 집 앞 성벽은 본인들이 쌓게 하자는 것입니다. 이것은 일을 위해 멀리까지 갈 필요가 없고 가족들 모두가 동참하게 되며 전시에도 자기 집을 떠날 필요가 없게 되는 등의 효과를 내서 백성들의 호의를 얻어 냈습니다. 아울러 각 직업별로도 자기들과 관련된 구간을 쌓게 함으로써 의욕을 불러 일으켰습니다. 제사장들에게 양문 일대의 성벽을 쌓게 한 것이 대표적 예였는데, 양문은 성전에 제물로 바칠 양들이 들어가는 문이었으므로 제사장들에게는 참으로 소중한 곳이었습니다. 정성을 다해 쌓았을 것임은 두말할 나위가 없을 것입니다. 그 외에도 15개의 직업을 가진 70명의 대표자들이 자기 일을 팽개치고 백성들과 함께 성벽 쌓는 일에 나섰습니다. 그리고 예루살렘과 관련이 없는 기브온이나 여리고, 드고아 사람들도 참여했고 심지어는 성을 쌓는 중노동에는 어울리지 않는 여자들까지도 이 일에 동참했습니다. 구간별 담당이 다 정해져 있었으므로 백성들은 자신들에게 할당된 곳만 쌓으면 비슷한 시기에 완공을 보게 될 것이었습니다. 그러니까 성벽의 중건은 예루살렘 전역에서 전 백성이 참여해 동시다발적으로 진행된 엄청난 역사였던 것입니다.

느헤미야의 지도력이 탁월하다는 것은 큰일을 크게 느끼게 하지 않고 할 만한 일로 보게 만들었다는 점입니다. 예루살렘 성벽을 쌓는 일 자체는 대공사지만 자기 집 앞 성을 쌓는 일은 할 수 있겠다 싶은 것입니다. 그리고 그렇게 내 일을 성실히 해내는 것은 나뿐 아니라 모든 백성에게 그 혜택이 돌아간다는 보람과 자부심을 갖게 한 것입니다. 사람들은 명분만 있으면 죽음도 불사하는 존재입니다.

느헤미야 3장은 처음부터 끝까지 성벽 재건에 참여한 주인공들의 목록입니다. 지루하기도 하고 읽다가 그냥 덮고 싶게도 하지만 느헤미야에게는 남다른 목록이었던 것입니다. 그들의 공로에 마음 다해 감사를 표하는 것입니다. 이것만 봐도 그가 평소에 백성들 하나하나에 인정과 칭찬을 아끼지 않았음을 예상할 수 있습니다.

이 모습을 통해 우리가 기억해야 될 소중한 메시지가 하나 있습니다. 그저 나에게 맡겨진 일을 성실하게 해내는 결과는 모두가 누리게 된다는 소박하고도 평범한 교훈입니다. 그것은 어찌 보면 내 일 하나 잘해서 모두에게 걱정 끼치지 않는 것이 최선의 도움이라는 얘기도 됩니다. 우리는 가끔 더 큰 규모의 봉사와 희생을 생각하지만 그렇게 큰일도 내게 속한 작은 일부터 시작돼서 점점 자라 간다는 사실은 잊기 일쑤입니다.

오늘도 자신에게 맡겨진 일에 최선을 다합시다! 그러면 모든 이들에게 유익이 됩니다.

내가 성실하면 그 혜택은 모두에게 돌아갑니다.

12
방해는 더 큰 열심으로 극복된다

산발랏이 우리가 성을 건축한다 함을 듣고 크게 분노하여 유다 사람들을 비웃으며 자기 형제들과 사마리아 군대 앞에서 일러 말하되 이 미약한 유다 사람들이 하는 일이 무엇인가, 스스로 견고하게 하려는가, 제사를 드리려는가, 하루에 일을 마치려는가 불탄 돌을 흙무더기에서 다시 일으키려는가 하고 암몬 사람 도비야는 곁에 있다가 이르되 그들이 건축하는 돌 성벽은 여우가 올라가도 곧 무너지리라 하더라 우리 하나님이여 들으시옵소서 우리가 업신여김을 당하나이다 원하건대 그들이 욕하는 것을 자기들의 머리에 돌리사 노략거리가 되어 이방에 사로잡히게 하시고 주 앞에서 그들의 악을 덮어 두지 마시며 그들의 죄를 도말하지 마옵소서 그들이 건축하는 자 앞에서 주를 노하시게 하였음이니이다 하고 이에 우리가 성을 건축하여 전부가 연결되고 높이가 절반에 이르렀으니 이는 백성이 마음 들여 일을 하였음이니라_4:1-6.

우리는 지금 느헤미야와 이스라엘 백성이 함께 성 쌓는 모습을 보고 있습니다. 우리도 한세상 살아가면서 우리 나름대로의 성을 쌓아 가고 있습니다. 성을 쌓되 어떻게 쌓을 것이냐가 문제인데 느헤미야 선지자는 그 방법을 잘 가르쳐 주고 있습니다. 물론 느헤미야가 쌓는 성과 우리의 성은 다릅니다. 느헤미야는 실제 외부의 침략으로부터 자기들을 보호하는 눈에 보이는 성을 쌓고 있지만, 우리는 신앙이나 인격으로 은유되는 보이지 않는 성을 쌓고 있습니다. 하지만 결국 느헤미야가 쌓는 성이나 우리가 쌓는 성은 같습니다. 목적도 같고 방법도 같고 그 과정 역시 비슷합니다. 그러므로 우리는 느헤미야가 완성해 가는 성 쌓기의 전 공정을 보면서 배워야 합니다. 분명한 것은 느헤미야의 성 쌓기 방법은 지금도 그대로 통한다는 것입니다. 따라서 그 과정 가운데 받는 외부의 방해와 조롱 역시 괴롭지만 통과의례임을 알아야 합니다.

예루살렘에 성벽이 재건된다는 소식에 가장 민감하게 반응한 사람이 있었는데 산발랏과 그의 하수인들이었습니다. 이들은 느헤미야가 처음 예루살렘으로 귀환할 때부터 그 일에 불안을 느끼고 있던 자들로서 실제 공사가 시작되자 드러내 놓고 조롱하고 방해하기 시작합니다. 사마리아 총독으로 알려져 있는 것을 보니 성벽 중건으로 인해 자신들의 영향력이 줄어들까 봐 전전긍긍하며 어떻게든 그 일을 막아 보려는 것 같습니다.

인간사란 있는 그대로만 얘기해도 조롱이 되고 멸시가 되는 수가 있습니다. 뚱뚱한 사람에게 뚱뚱하다고 말하거나 키 작은 사람에게 키 작다고 말하는 것조차 그 자체로 놀림이 된다는 것입니다. 물론 한 귀로 듣고 한 귀로 흘리면 그뿐이지만 대다수의 사람들은 그것을 견디지 못합니다. 느헤미야조차도 어떤 면에서는 그런 훼방과 조롱을 견뎌 내지 못한 면이 있습니다. 반응을 했다는 자체가 이미 영향 받았다는 증거입니다. 하지만 무엇보다 우리가 생각해야 될 것은 무대응, 무관심보다는 거룩한 의분이 더 필요할 때가 있다는 것입니다. 그런 뜻에서 산발랏 일행에 대한 느헤미야의 반응은 적절해 보입니다(물론 그는 기록으로만 분노를 남겼을 뿐 겉으로는 반응하지 않았습니다). 주님은 무조건 분 내거나 화내지 말라고 말씀하지 않으셨습니다. 다만 "해 질 때를 넘기지 말라"고 하셨습니다. 그러니 비판과 반대 앞에서 무조건 대응하지 않는 게 능사는 아닙니다. 더욱이 오늘 그들의 조롱과 훼방은 하나님의 사명에 반하는 일이므로 하나님을 대적하고 하나님을 능욕하는 것입니다. 다 공감할 텐데 우리 자신을 욕하는 것은 참을 수 있지만 내 아버지나 자식을 욕하는 것은 참을 수 없는 법입니다. 오늘 느헤미야의 분노는 바로 그런 것이었습니다. 그리고 그 분노는 단지 분노로 그치지 않고 다른 모습으로 승화합니다. 오늘 우리가 눈여겨봐야 될 부분이 바로 그 점입니다.

"불탄 돌, 흙무더기에서 뭘 하는 거냐? 그래 부지런히 쌓아 봐라! 아마 여우가 올라가도 와르르 무너질걸!".

이런 얘기를 군대까지 동원해서 합창한다면 분을 참기는 몹시 어려울 것입니다. 개인이 하는 비난도 감당하기 쉽지 않은데 큰 무리가 조직적으로 외치는 데는 약 오르지 않을 도리가 없습니다. 열심히 일하다가도 이런 소릴 들으면 금세 일할 의욕도 꺾이게 마련입니다. 하지만 이때 느헤미야가 한 일이 무엇인지 보십시오.

우리가 알거니와 느헤미야는 기도의 사람입니다. 모든 것을 기도로 시작하는 사람이고 무슨 일이든 기도에서 영감을 얻는 사람입니다. 기도하면서 이미 성벽의 설계도와 업무 분담 계획을 끝낸 사람입니다. 기도하면서 하나님께 하나하나 지시 받는 사람인 것입니다. 그런 맑고 깊은 영성은 아닥사스다 왕까지 감동시켰고 그를 유다 총독으로 고국으로 돌아오게 했습니다. 세상에 기도로 무장한 사람을 이길 사람은 없습니다. 누구라도 기도하는 사람에게 압도당하는 것은 자연스런 일입니다. 그런 느헤미야를 건드린 산발랏 일행은 상대를 잘못 골랐습니다. 기도의 사람 앞에 대들 때 그들을 상대하는 분은 사람이 아니라 하나님이십니다. 그들은 곧 처절한 패배를 맛보게 될 것입니다.

느헤미야는 성 쌓기를 방해하는 산발랏 일행에 대하여 무섭게 저주합니다. 우리가 기도할 때 느헤미야처럼 저주의 기도를 할 대상은 없습니다. 하지만 상대가 마귀일 때는 상황이 다릅니다. 하나님의 거룩한 일을 방해하는 사람은 그 누구라도 마귀가 될 수밖에 없습니다. 마귀는 대화의 상대가 아니라 축출의 대상입니다. 주님의 이름으로 내쫓아야 합니다. 느헤미야는 지금 바로 그런 기도를 드리고 있는 것입니다. "그들이 욕하는 것을 그들이 받게 하소서! 이방 민족에 노략질당하고 포로가 되게 하소서! 그들의 악을 햇볕 아래 드러나게 하시고 용서일랑 결코 하지 마소서!" 이 기도를 들으신 하나님은 느헤미야를 극진히 사랑하시는 분입니다. 흘려들으실 분이 아니니 이제 그들은 큰일 났습니다. 그렇게 거룩한 노를 한 번 발한 후 느헤미야는 그 일에 관해 생각을 끊어 버렸습니다. 그러고는 하던 일을 계속해 나갔습니다.

구간별로 쌓던 성들이 다 연결됐고 높이도 절반까지나 올라갔습니다. 방해하는 자들의 조롱이 오히려 백성들의 마음을 하나로 묶는 계기가 됐고 더 열심을 내도록 한 꼴이 됐습니다. 그들의 비난은 사그라지던 불씨에 오히려 기름을 부은 격이 된 것입니다.

무슨 일이든 방해 세력은 있습니다. 조롱하고 비난하면 귀 있는 이상 안 들을 수는 없습니다. 하지만 반응을 보여서는 안 됩니다. 그건 마귀의 전략에 넘어가는 것입니다. 다만 즉시 기도로 들어가야 합니다. 그리고 우리 역시 느헤미야의 기도처럼 하나님께만 일러야 합니다. 그러면 나머지는 하나님이 처리해 주실 것입니다. 그렇지 않고 만약 함께 분노하고 같이 비방한다면 마귀는 한쪽에서 그 무너져 가는 모습을 보며 빙그레 웃음 지을 것입니다.

조롱하고 훼방하더라도 우리가 하던 일은 계속해야 합니다. 아니 느헤미야처럼 더 열심을 내야 합니다. 일을 중단하는 것은 지는 것이고 바보짓입니다. 오히려 마귀의 조롱을 성령의 기름으로 바꾸어 우리 사역을 활활 타오르게 해야 합니다. 그래서 그렇게 방해하는 시간에 우리의 성은 더 높이 더 견고하게 쌓아져야 합니다.

"선한 길을 갈 때 사람들이 앞길의 돌멩이를 치워 줄 것으로 기대하지 말라. 사람들은 더 큰 돌멩이를 던질 것이다."

슈바이처가 아프리카를 향해 떠날 때 사람들에게 남겼던 말입니다.

아무리 좋고 선한 일이라도 거기 방해와 조롱이 있을 것은 각오해야 합니다. 하지만 그럴수록 기도해야 합니다. 기도하며 더 열심히 일해야 합니다.

> 방해는 더 큰 열심으로 극복됩니다.

13
물러서지 말고 맞서 싸우라

산발랏과 도비야와 아라비아 사람들과 암몬 사람들과 아스돗 사람들이 예루살렘 성이 중수되어 그 허물어진 틈이 메워져 간다 함을 듣고 심히 분노하여 다 함께 꾀하기를 예루살렘으로 가서 치고 그곳을 요란하게 하자 하기로 우리가 우리 하나님께 기도하며 그들로 말미암아 파수꾼을 두어 주야로 방비하는데 유다 사람들은 이르기를 흙무더기가 아직도 많거늘 짐을 나르는 자의 힘이 다 빠졌으니 우리가 성을 건축하지 못하리라 하고 우리의 원수들은 이르기를 그들이 알지 못하고 보지 못하는 사이에 우리가 그들 가운데 달려 들어가서 살륙하여 역사를 그치게 하리라 하고 그 원수들의 근처에 거주하는 유다 사람들도 그 각처에서 와서 열 번이나 우리에게 말하기를 너희가 우리에게로 와야 하리라 하기로 내가 성벽 뒤의 낮고 넓은 곳에 백성이 그들의 종족을 따라 칼과 창과 활을 가지고 서 있게 하고 내가 돌아본 후에 일어나서 귀족들과 민장들과 남은 백성에게 말하기를 너희는 그들을 두려워하지 말고 지극히 크시고 두려우신 주를 기억하고 너희 형제와 자녀와 아내와 집을 위하여 싸우라 하였느니라_4:7-14.

우리가 큰 성취감과 보람을 느끼게 되는 일은 대개 내 능력에 비해 힘에 부치는 일을 할 때입니다. 힘들이지 않고 이룰 수 있는 일은 그만큼 기쁨도 작다는 얘기입니다. 그러므로 무엇인가 새 일을 추진할 때 능력보다 큰 목표를 세우는 것은 매우 중요합니다. 통계로 볼 때도 만만한 일보다 힘에 겨운 일을 할 때 완성률이 더 높다는 것은 시사하는 바가 적지 않습니다. 아주 작은 아이 성 공략엔 실패하면서도 큰 여리고 성은 점령하는 게 우리의 모습입니다. 이 모든 것을 볼 때 어떤 경우든 주님께서 우리에게 가장 먼저 요구하시는 것은 "무릇 지킬 만한 것보다 너희 마음을"(잠 4:23) 지키는 것입니다. 그것은 조금 확대 해석하면 싸울 일이면 물러서지 말라는 뜻일 것입니다. 마냥 피하기만 해서 이룰 일은 없습니다.

느헤미야와 유다 백성에게 큰 위기가 닥쳤습니다. 조롱과 비난쯤이야 기도하면서 더 열심히 일하는 것으로 넘길 수 있었지만 이번 일은 파도 정도가 아니라 해일인 것입니다. 심리적 공략에 실패한 산발랏 일행이 이제는 물리적 공략에 나섰습니다. 군대로 사방을 포위하고 전투태세로 나선 것입니다. 싸움이 벌어지면 적잖은 인명 피해가 나기에, 성을 계속 수축하느냐 마느냐 결정해야 하는 기로에 선 것입니다. 때 맞춰 안에서도 자중지란이 시작됐습니다. 성 쌓기에 동원됐던 백성들이 피로가 누적돼서 '이제 더는 못하겠다'는 사람이 나온 것입니다. 게다가 성 밖에 흩어져 살던 백성들이 산발랏 군대의 발호에 겁을 집어 먹고 자기네로 와서 구원해 달라는 요청이 쇄도해 왔습니다. 그야말로 내우외환 그 자체였습니다. 어떻게 보면 성벽 재건 과정에서 처음 만나는 절체절명의 위기라 하지 않을 수 없습니다. 이제 우리가 눈을 크게 뜨고 살펴야 할 것이 위기에 닥친 느헤미야의 대응입니다.

그 사람이 어떠냐 하는 것은 평상시에는 알기 어렵습니다. 위기에 닥쳤을 때 그 사람의 진가가 나타납니다. 그것은 비단 개인뿐 아니라 크고 작은 공동체에도 적용됩니다. 위기가 닥쳤을 때 개인이나 공동체에나 일차적으로 일어나는 현상은 그동안 지켜 왔던 규칙이 무너지는 것입니다. 마음을 지키지를 못하니 잠재해 있던 원초적 행동이 터져 나오는 것입니다. 사실 우리가 법이나 규칙을 잘 지켜야 되는 이유는 평상시를 위해서보다 위기 때를 대비해서입니다. 그러나 우리는 늘 반대로 살기 일쑤입니다. 잘 지키다가도 위기 때는 와르르 무너집니다. 처음의 각오를 망각하고 주님의 인도를 까맣게 잊어버린 까닭입니다. 신앙이 더 필요한 것은 보통 때가 아니라 어려울 때입니다. 그러니 하나님께서 늘 탄식하시는 이유가 뭔지도 알 것 같습니다. "'바로 이때를 위함'인데 믿음이란 게 전혀 쓸모가 없군! 도대체 쟤네들은 그동안 뭘 한 거야?"

지금까지 쌓은 성은 유용했습니다. 비록 높이야 절반밖에 오르지 못했지만 구간마다 다 연결되었고, 성 밖에 있는 적의 동태를 한눈에 살필 수 있었습니다. 요소요소마다 무장한 백성들을 세워 두고 경계토록 한 후 느헤미야는 백성들 앞에 섰습니다. 느헤미야가 한 말은 처음 시작할 때의 각오를 잊지 말자는 것입니다. "너희는 그들을 두려워하지 말고 지극히 크시고 두려우신 주를 기억하고 너희 형제와 자녀와 아내와 집을 위하여 싸우라"는 것이었습니다.

"꼭 집어서 이스라엘 백성을 사랑했던 하나님이 아니었느냐? 그분이 너희를 얼마나 사랑했는지는 애굽에서 광야와 가나안을 거쳐 예루살렘에 이를 때까지를 떠올려 봐라. 우리 조상이 백성다웠을 때는 복이 됐지만 우리가 예배를 우습게 알고 우상을 하나님처럼 섬겼더니 나라는 망하고 포로 생활로 여태까지 이 고생을 한 게 아니냐? 그 하나님을 두려워해야지, 지금 저까짓 사마리아나 암몬을 무서워한다는 게 말이 되느냐? 지금 하나님이 너희에게 요구하는 건 무슨 대단한 게 아니다. 또다시 저들에게 유린당하면 너희 아내와 딸들은 겁탈당하고 아들들은 종으로 잡혀갈 텐데 그거라도 막아야 되지 않겠느냐? 나라와 백성들 생각까지도 필요 없다, 너희들 가족은 너희가 지켜야 되지 않겠느냐, 너희는 죽더라도 너희 가족 앞에 떳떳한 대장부로는 남아야 되지 않겠느냐?"

느헤미야의 지도력의 탁월한 면은 큰 목표를 잘게 잘라서 하나씩 해결해 갔다는 것입니다. 큰 명분은 사람을 질리게 하지만 작은 명분은 의욕을 부추깁니다. 그런 작은 일을 하나씩 해결해 감으로써 결국엔 큰일을 해내는 것입니다. 무엇보다 그는 늘 같은 마음을 유지하고 있었습니다. 그런 그에게 뜻밖의 상황이란 없었습니다. 어차피 겪어야 될 일로 여기고 물러서지 않았던 것입니다. 만약 산발랏 일행의 기세에 눌려 성 쌓기를 중단하고 다른 방법을 강구했다면, 즉 여태까지 지켜 왔던 규칙을 바꿨다면 위기는 정말 위기가 됐을 것입니다. 안의 소요와 밖의 환란에 이리저리 휘둘려, 끝내는 무너지는 모습을 참담한 마음으로 지켜볼 수밖에 없었을 것입니다. 그러나 그는 물러서지 않았고 당당히 맞섰습니다.

물러서지 말아야 합니다. 무슨 일이건 핑곗거리를 찾으면 물러날 이유는 얼마든 찾을 수 있는 법입니다. 하지만 그렇게 중단해 버리면 그동안의 수고는 흩어져 버리고 맙니다. 우리 일은 하나님과 이웃과 나를 위한 일인데 중단하고 말면 기쁨을 찾을 곳은 어디에도 없습니다.

언제든 모든 일은 비슷한 과정을 거칩니다. 목표와 계획을 세우고 의욕적으로 일을 시작합니다. 순조로우면 좋겠지만 방해와 비난이 오고 그것을 겨우 극복하면 더 큰 내우외환에 시달립니다. 이게 고비입니다. 대부분 이쯤에서 실패하고 맙니다. 그동안 지켜 왔던 것들로 돌파해야 합니다. 자신들이 세워 놓은 규칙과 법을 더 잘 지켜야 할 때입니다. 이렇게 극복해도 앞의 과정은 계속 반복됩니다. 그러다 보면 어느 순간 어려움에 처하는 것과 그 극복은 웬만큼 체질화됩니다. 즉 위기 극복 능력은 커지게 되고 그러다 보면 어느 순간 성은 완성되는 것입니다.

이 모든 것이 닥쳐 온 크고 작은 전쟁에 물러서지 말고 맞서 싸울 것을 전제하고 있습니다. 사실 우리를 우리보다 더 사랑하시는 하나님이 계신데 뭐가 두렵고 뭐가 문제가 되겠습니까? 지금까지 주님이 우리를 지켜 주시지 않았다면 우리는 벌써 어떻게 됐을 것입니다.

그 하늘의 아버지를 믿고 두려워하지도 말고 물러서지도 맙시다! 피해서 해결될 일이 있고 싸워서 해결될 일이 있습니다. 싸워야 될 일은 피하지 말아야 합니다. 그 전쟁을 미루는 것은 호미로 막을 것을 가래로도 못 막는 전쟁으로 비화될 수도 있습니다. 그러니 물러서지 말고 당당히 맞서 싸우십시오! "전쟁은 하나님께 속한 것"(삼상 17:47)이니 두려울 것은 아무것도 없습니다. 싸움은 아버지가 하시고, 승리는 우리들 것입니다.

결코 물러서지 말고 맞서 싸우십시오.

14
아직 긴장을 풀 때가 아니다

우리의 대적이 우리가 그들의 의도를 눈치 챘다 함을 들으니라 하나님이 그들의 꾀를 폐하셨으므로 우리가 다 성에 돌아와서 각각 일 하였는데 그 때로부터 내 수하 사람들의 절반은 일하고 절반은 갑옷을 입고 창과 방패와 활을 가졌고 민장은 유다 온 족속의 뒤에 있었으며 성을 건축하는 자와 짐을 나르는 자는 다 각각 한 손으로 일을 하며 한 손에는 병기를 잡았는데 건축하는 자는 각각 허리에 칼을 차고 건축하며 나팔 부는 자는 내 곁에 섰느니라 내가 귀족들과 민장들과 남은 백성에게 이르기를 이 공사는 크고 넓으므로 우리가 성에서 떨어져 거리가 먼즉 너희는 어디서든지 나팔 소리를 듣거든 그리로 모여서 우리에게로 나아오라 우리 하나님이 우리를 위하여 싸우시리라 하였느니라 _4:15-20.

장거리 운전자들이 사고를 자주 내는 곳은 고속도로를 비롯한 큰길에서가 아니라 자기 동네 또는 집 근처라는 통계를 본 적이 있습니다. 다 왔구나, 하고 안도하는 순간 마음이 흐트러져 주변을 살피지 않는 까닭일 것입니다. 운동 경기 또한 이기고 있는 거의 끝 무렵에 동점을 내줘 그게 결국 역전의 빌미가 되는 경우가 허다합니다. 늘 노심초사로 평정을 못 찾는 것은 불행한 일이지만 긴장의 끈을 너무 쉽게 놓아 다 된 밥에 재 뿌리는 상황도 안타깝긴 마찬가지입니다. 삶은 자유와 속박, 기쁨과 슬픔, 행복과 불행, 안정과 혼돈 등 서로 적대적인 둘 사이에서 아슬아슬하게 줄을 타듯, 긴장을 유지하는 것임을 잊어서는 안 됩니다. 그러니 너무 즐거워할 것도 너무 슬퍼할 것도 없습니다. 다만 그 모두를 감사라는 안경을 끼고 봐야 할 일이고, 동시에 긴장이라는 맞바람을 느껴야 할 일입니다. 즉 사람이 그토록 바라는 안정이란 실은 감사라는 마차를 타고 긴장이라는 맞바람을 맞으며 달려가는 상태라는 것입니다.

　　조금만 어지럽혀 놓아도 혼란에 빠질 줄 알았던 이스라엘 백성이 오히려 항전의 뜻을 불태우자 산발랏 수하의 군대는 작전을 포기할 수밖에 없었습니다. 처음부터 전쟁을 하자는 게 아니고 성을 쌓지 못하게 할 목적이었으므로 희생을 감수하면서까지 치러야 되는 전투는 그들이 원하는 바가 아니었던 것입니다. 어쨌든 유다 백성들로서는 긴박한 순간이 지나가, 한숨 돌릴 수 있게 되었습니다. 전투를 위한 진을 풀고 다시 성벽을 쌓기 위해 자기들의 현장으로 돌아갑니다. 워낙에 임기응변이란 느헤미야의 방법이 아니었으므로 그는 아예 이참에 상시 전투태세로 진영을 재편합니다. 본업인 성 쌓는 일과 경계를 함께하기 시작한 것입니다. 우선 인력의 반을 중무장시켜 전투태세로 임하게 했고 나머지 반만 일하게 합니다. 성을 건축하는 자들 또한 한 손엔 병기를 잡고 다른 한 손으로 일하도록 했습니다. 나머지 일하지 않는 백성들 역시 전쟁이 시작되면 언제든 그들과 합류할 수 있도록 조치했습니다. 한마디로 성 쌓는 백성들이나 일반 백성들 모두를 팽팽한 긴장감 속으로 몰아넣은 것입니다. 이런 경계 태세 없이는 성을 쌓지도 백성을 지킬 수도 없다고 파악한 느헤미야의 판단은 시의적절했습니다.

기도의 완성은 기도한 후 행동에 옮기는 데에 있습니다. 뒤집어 말하면 응답받지 못하는 기도는 기도한 후 아무것도 하지 않는 데 이유가 있다는 말입니다. 하나님은 만나를 주셨지만 그것을 각자의 입에 직접 넣어 주시지는 않았습니다. 가나안 땅을 주셨지만 무혈입성까지 허용하시지는 않았습니다. 지혜를 주셨지만 지식까지 집어넣어 주시지는 않았습니다. 우리를 자유로운 존재로 창조하시고 그 자유를 존중해 주시는 까닭입니다. 아울러 우리를 게으름에 빠지지 않도록 경계하신 것입니다. 만약 허락하신 것을 손 하나 안 대고 취할 수 있게 하셨다면 우리 인간은 일찌감치 짐승처럼 되었을 것입니다. 하나님은 인간 스스로 해결할 능력을 부여하신 사안에는 절대 개입하지 않으시는 분입니다. 그러므로 하나님의 몫은 하나님이, 우리 몫은 우리가 해야 합니다. 이것이 기도의 완성이고 아울러 긴장이라는 보따리 속의 내용물입니다. 따라서 긴장한다는 것은, 구할 것을 구하고 준비할 것을 준비하며 내 할 몫의 일을 기꺼이 감당한다는 뜻입니다.

긴장에 대해 말하면서 기도 이야기를 꺼낸 것은 긴장과 기도의 상관관계 때문입니다. 잘라 말해 기도하지 않으면 긴장도 없고 긴장 없으면 기도하지도 않습니다. 긴장 없는 삶은 누리는 삶이 아니라 흘러가는 삶입니다. 거기에선 풍요도 기쁨도 찾을 수 없게 됩니다.

그러므로 지금 별 문제도 없고 별 기도거리가 없다면 적신호입니다. 그렇게 긴장하지 않다가 문제가 닥쳐오면 허둥댈 뿐 별 대책이 없습니다. 평소에도 스스로 적당한 긴장 속에 자신을 몰아넣어야 되는 이유가 거기에 있습니다. 지금의 삶이 긴장의 연속이라면 감사할 일입니다. 그러나 긴장하면서도 기도가 생략되지는 않았는지 즉시 돌아봐야 합니다. 기도 없는 긴장은 곧 긴장 자체에 질식할지도 모르는 위험한 상태입니다. 기도와 긴장은 서로 치료제가 되어 결국은 건강을 선물하는 것입니다. 반면에 별 긴장이 없다면 스스로 긴장 속에 몰아넣어야 합니다. 즉 기도거리를 찾아 거기에 몰입해야 한다는 말입니다.

긴장 없는 상황을 혹 안정이나 평안으로 여긴다면 그건 매우 위험합니다. 그것은 얼마 안 가 깨질 가능성이 높고 그 후폭풍은 감당하기 어렵습니다. 사람의 인물됨은 본인 스스로를 얼마나 긴장의 굴레에 집어넣느냐에 있습니다. 느헤미야가 인물이라는 것은 평안한 상태로부터 자신을 긴장 속에 둘 줄 알았다는 데 있습니다. 한겨울에도 화로가 활활 타오르는 왕궁을 벗어나 황량한 바람이 부는 허물어진 성에 거할 줄 알았습니다. 그러고는 끊임없이 긴장거리를 만들고 그것을 해소하기 위해 기도줄을 부여잡고 있는 것입니다.

구르는 바위엔 이끼가 끼지 않듯이 긴장하며 기도하는 삶엔 별 문제가 없게 됩니다. 그러므로 지금 당신께 가장 필요한 것은 안정 상태를 깨고 긴장 상태로 들어가는 것입니다. 삶을 어느 정도 이뤘는지 모르지만 아직은 긴장을 풀 때가 아닙니다. 무릎 꿇고 하늘을 우러러 기도줄을 마구 흔들며 주님을 부를 때입니다.

아직은 긴장을 풀 때가 아닙니다.

15
일은 될 때
더 몰아쳐야 한다

우리가 이같이 공사하는데 무리의 절반은 동틀 때부터 별이 나기까지 창을 잡았으며 그때에 내가 또 백성에게 말하기를 사람마다 그 종자와 함께 예루살렘 안에서 잘지니 밤에는 우리를 위하여 파수하겠고 낮에는 일하리라 하고 나나 내 형제들이나 종자들이나 나를 따라 파수하는 사람들이나 우리가 다 우리의 옷을 벗지 아니하였으며 물을 길으러 갈 때에도 각각 병기를 잡았느니라 _4:21-23.

뛰어난 세일즈맨들의 이야기를 들어 보면 일이 잘되는 날은 하루 만에 한 달치 실적을 올리는 때가 있다고 합니다. 물론 운이 좋아서가 아니라 그동안 뿌려 놓은 것들이 우연히 한날에 결과로 나타나서라는 것입니다. 그런 날이 자주 오는 것은 아니지만 가끔씩 아침에 그런 조짐이 보이면 '오늘은 되는 날이구나' 하면서 더 빠듯하게 스케줄을 짜 일한다고 합니다. 반대로 안 되는 날은 돈은 돈대로, 시간은 시간대로 숭숭 빠져나간다고 합니다. 물론 그런 날도 나중에 돌아보면 다 일 되는 날의 밑천이었음을 알 수 있고, 따라서 열심히 일한다는 전제만 있으면 당장 어떤 결과가 나오지 않아도 헛된 시간이란 없다고 합니다. 그렇게 보면 정말 될 때 더 몰아쳐서 일하는 것은 꼭 필요하다는 생각이 듭니다. 왜냐하면 언제 그런 때가 다시 돌아올지 알 수 없는 일일뿐더러 어쩌면 그때가 마지막 기회일수도 있기 때문입니다.

무슨 심경의 변화가 있었는지 느헤미야가 백성들을 독려하는 것을 보면 마치 최후의 일전을 앞둔 장수의 모습 같아 보입니다. 긴장을 풀지 않고 꼼꼼하게 경계하는 정도로도 충분한 상황에 그는 지금 더 물러날 곳이 없다는 듯 배수진을 치고 있습니다. 이제부터 백성들은 둘로 나뉘어 한 무리는 성 쌓는 일을 하고 또 한 무리는 경계 근무를 서게 됐습니다. 이 일은 밤낮 없이 계속해야 하는 것입니다. 그러니까 백성들은 낮에는 일하고 밤에는 파수를 해야 하는 이중고 가운데 들어간 것입니다. 일이 끝나면 잠자러 집에 가는 일도 없어졌습니다. 전 백성은 이제 예루살렘 성벽 현장을 떠나지 못합니다. 심지어는 옷도 벗지 않은 채로 잠을 자고 물을 길러 갈 때도 결코 병기를 놓지 않았습니다. 이 모든 일을 지시한 느헤미야 역시 백성들과 동고동락에 들어갑니다. 총독이지만 밤이슬을 맞으며 바깥에서 자고 본인도 무기 잡은 손을 결코 풀지 않았습니다.

현상 유지란 없습니다. 그것은 말로만 존재할 뿐입니다. 세상살이든 신앙이든 앞으로 나아가든지 후퇴하든지 둘 중 하나입니다. 제자리에 있기란 없습니다. 거슬러 올라가는 배가 제자리에 있기란 오히려 떠내려가기보다 어려운 법입니다. 그러므로 현재의 위치를 고수하려는 것은 분명 잘못된 계산입니다. 나아가든지 아니면 일찌감치 포기하든지 선택해야 합니다. 포기란 죽음입니다. 결국 나아가는 게 유일한 길입니다.

성벽을 쌓는 것은 중노동입니다. 시간이 갈수록 지치게 됩니다. 오래 끌 일이 아닙니다. 백성의 자원도 한두 번이고 지도자의 동기 부여도 한두 번이지 몸이 지치는 데는 백약이 무효합니다. 따라서 분위기가 잡히면 단숨에 일을 끝내야 합니다. 산발랏 일행의 방해가 오히려 약이 되었습니다. 사람이란 외부의 저항이 없으면 면역성이 떨어져 안으로 곪는 존재입니다. 그래서 가끔 타격을 받고 아픈 것은 이로운 일입니다. 외부의 적당한 저항을 받은 이스라엘은 웬만큼 뭉쳐졌습니다. 이런 일을 겪는 동안 성 쌓는 일은 궤도에 올랐습니다.

드디어 강하게 밀어붙일 때가 온 것입니다. 이 기회를 놓치면 백성들의 태도는 다시 느슨해지고 그러면 유다는 다시 드센 저항을 받게 될 게 틀림없습니다. 느헤미야가 필요 이상의 강경한 태도를 취한 것은 그래서였습니다. 사마리아나 암몬도 이런 유다를 무장 해제시키는 데는 상당한 희생을 감수해야 할 것이고, 예루살렘 안의 백성들도 긴장 가운데 공사 기간을 단축해야 될 필요성을 절감했을 것입니다. 느헤미야는 이런 이중의 효과를 노렸던 것입니다.

일이 되어 간다는 것은 그동안의 수고가 헛되지 않았음을 반증하는 것입니다. 아울러 그렇게 되기까지 인내했던 시간의 열매이기도 합니다. 하지만 그건 시작일 뿐 이제부터가 진짜입니다. 작전도 지금까지 해왔던 것 그대로는 먹히지 않을 공산이 큽니다.

지나간 이전 일은 잊어버리고 새 마음과 새 작전으로 성을 쌓아 가야 합니다. 봄이 오는데도 겨울을 살듯이 할 수는 없습니다. 무거운 옷은 벗어 던지고 가벼운 옷으로 감쌀 때입니다. 개나리의 노란 봉오리가 터지듯이 우리의 꿈도 이제는 터뜨려야 합니다.

일이 좀 되어 가십니까? 여기서 멈출 수 없습니다. 바야흐로 새로운 날들이 오고 있습니다. 일이 될 때 더 밀어붙여서 한 자라도 높이 우리의 성을 쌓아야 합니다. 우리들의 가정에도 교회에도 나라에도 그 기운은 봄날처럼 더워져야 합니다.

느헤미야 개인의 모습도 달라지기 시작했습니다. 처음 이 일을 계획했을 때 그의 하나님은 '나의 하나님'이었지만 이제 그는 자주 하나님을 '우리의 하나님'이라고 부르고 있습니다.

우리 역시 첫 걸음은 '나의 하나님'으로 시작했겠지만 이제는 '우리의 하나님'을 불러야 할 때입니다. 즉 '나의 하나님'과 '너의 하나님'이 만나 '우리의 하나님' 되심을 알아야 한다는 것입니다. 이 모든 터 위에 느헤미야의 지도력은 물이 잔뜩 오르고 있습니다. 일이 될 때 더 밀어붙이는 저력이 이제 생긴 것입니다. 그를 생각하면 언제나 성벽 한 귀퉁이에서 기도하는 모습이 떠오릅니다. 우리의 모습도 남들에게 그렇게 각인됐으면 좋겠습니다.

일이 되어 가기 시작합니까? 더 열심을 내고 배수진을 치십시오. 인생의 한 획을 그을 때입니다.

일은 될 때 더 몰아쳐야 합니다.

ⓒ현철우

3부

지혜로운 지도자

느헤미야가 아무리 고결한들 제 고유의 빛으로
우리를 비추는 것이겠습니까?
하나님을 매일 바라보고 그리워하고 기도하니까
그 빛을 일부 받아 우리를 비추는 것입니다.

16
내상은 드러내야 고친다

그 때에 백성들이 그들의 아내와 함께 크게 부르짖어 그들의 형제인 유다 사람들을 원망하는데 어떤 사람은 말하기를 우리와 우리 자녀가 많으니 양식을 얻어먹고 살아야 하겠다 하고 어떤 사람은 말하기를 우리가 밭과 포도원과 집이라도 저당 잡히고 이 흉년에 곡식을 얻자 하고 어떤 사람은 말하기를 우리는 밭과 포도원으로 돈을 빚내서 왕에게 세금을 바쳤도다 우리 육체도 우리 형제의 육체와 같고 우리 자녀도 그들의 자녀와 같거늘 이제 우리 자녀를 종으로 파는도다 우리 딸 중에 벌써 종 된 자가 있고 우리의 밭과 포도원이 이미 남의 것이 되었으나 우리에게는 아무런 힘이 없도다 하더라_5:1-5.

사람이 외상外傷으로 죽는 경우는 드뭅니다. 겉에 드러나서 금방 손을 쓸 수 있기 때문입니다. 언제나 치명적인 것은 내장에 이상이 생겼거나 마음을 다쳤을 때입니다. 그런 것은 보이지 않는 중에 병이 자랍니다. 더 위험한 것은, 안에는 내상內傷이 있는데 그것을 덮는 바깥은 건강할 때라고 할 수 있습니다. 이런 경우 개인이든 공동체든 시간의 차이만 있을 뿐 곧 곪아 터지게 되어 있고 그때서야 손을 쓰게 되면 엄청난 통증을 수반합니다. 예방이 최선의 처방이겠지만 그게 어려우면 자주 내시경을 하는 수밖에 없습니다. 아울러 언제든지 속이 드러나면 상태가 어떻든 그것은 긍정적입니다. 왜냐하면 그대로 계속 진행된다면 어느 날 갑자기 모든 게 끝나고 마는 수가 있기 때문입니다.

성벽이 거의 완성되어 가는데 뜻밖의 복병을 만났습니다. 외부의 적들이 잠시 주춤거리는 사이 내부의 적이 이스라엘 공동체에 딴죽을 건 것입니다. 성이 높아 가는 가운데 속으로 중병을 앓고 있던 백성들의 신음도 함께 높아졌던 것입니다. 그리고 때가 되자 그 소리는 모두에게 들리게 되었습니다. 성을 쌓는 일은 대체로 그 일에 비협조적인 성 안 사람들과 우호적이었던 성 밖의 사람들이 함께해 왔습니다. 물론 느헤미야의 솔선수범과 희생이 동력이 되었지만 식민 통치국의 왕이 임명한 총독이라는 권력이 두렵기도 했을 것입니다. 어려움이 있긴

했지만 성은 하루가 달라지게 높이 쌓여 갔고 이제는 어느새 완공을 눈앞에 두게 된 것입니다. 지금까지만도 그것은 전인미답의 엄청난 역사였습니다. 그런데 생업을 포기한 채 성벽 재건에 동원됐던 성 밖 사람들에게 문제가 생겼습니다. 성의 건설을 위해 터전을 성 안으로 옮긴 백성들의 민생고가 극한까지 치달은 것이었습니다. 어쩌면 그들은 성 안 동포들의 도움을 기대했는지도 모릅니다. 왜냐하면 어느 시대건 성 안 사람들(부르주아)은 성 밖의 사람들(프롤레타리아)보다 부자이기 때문입니다. 자기들의 터가 있는 동포들이 조금만 도와주면 큰 문제는 없었을 텐데 언제나 그렇듯이 그것은 '내 맘 같지' 않았던 것입니다. 성 안에서의 생활이 계속되자 먹을거리가 떨어진 데다 마침 흉년을 보내고 있는 터라 곡식을 구할 수도 없었고 게다가 피식민지의 백성으로서 내는 세금 또한 계속 누적되어 갔던 것입니다. 그나마 성 밖의 포도원과 밭도 이미 저당 잡히고 이자를 내지 못해 성 안 사람들 소유로 속속 넘어가고 있었습니다. 한 술 더 떠 성 안 사람들은 전답뿐만이 아니라 동족의 자식들까지 담보로 잡고 기한 내에 돈을 갚지 못하자 노예로 팔기까지 했습니다. 성을 다 쌓은들 비렁뱅이 못난 아비가 되어 있을 그들은, 성채가 완공되어 갈수록 살 길은 폭동밖에는 없지 않을까 생각했을지도 모릅니다. 상황은 그토록 심각했습니다.

어느 공동체건 외부의 공격으로부터 망하는 경우보다 자기들끼리의 싸움이 원인이 돼서 망하는 경우가 훨씬 많습니다. 역사가 그것을 증명합니다. 지금 예루살렘에서는 다른 민족에게서 일어나는 자중지란이 그대로 재현되고 있습니다. 산발랏 일행의 공격을 넘기자 이제는 내부의 적 때문에 위기를 맞고 있는 것입니다. 이제야 표면에 드러나서 그렇지 사실 이 일은 이스라엘 백성에게 어제 오늘의 일은 아니었습니다. 그것이 이 중요한 시기에 터진 것은 이유가 있습니다. 든든한 성으로 장착한들 그 성을 지켜야 할 사람들이 분열되어 있다면 결국 그 모두는 쉬이 무너지고 말기 때문입니다.

장차 이 성은 인류의 구세주가 십자가의 길을 가셔야 되고 하나님 나라가 완성되는 곳이어야 합니다. 그 어느 성보다 견고해야 하는 것입니다. 그래서 하나님은 유다 백성들끼리의 실랑이로 이 문제를 해결하시려고 하는 것입니다. 그리고 그 중심에 하나님의 사람, 기도하는 사람 느헤미야를 박아 놓으셨습니다. 백성들로서는 이 고질적인 문제를 믿음이 가는 새 총독이 혹 해결해 주지 않을까 내심 기대한 것이고 하나님으로서는 당신의 해결자로 그를 배치해 두신 것입니다.

하드웨어만 가지고 있으면서 컴퓨터를 가지고 있다고 말하는 사람은 아무도 없습니다. 소프트웨어가 장착되어야만 컴퓨터가 제 기능을 다할 수 있는 것입니다. 이스라엘은 지금 눈에 보이는 성뿐 아니라 눈에 보이지 않는 성까지 구축해 가고 있습니다.

민족뿐 아니라 개인과 가정에도 이런 갈등은 있습니다. 그것은 상처나 마음의 병으로 나타납니다. 어찌됐든 그것은 좋은 일입니다. 그것들을 통해 하나님이 우리에게 바라시는 게 있어서입니다. 동족들끼리의 갈등 가운데 '하나님의 백성'이라는 진짜 성을 쌓길 원하시는 주님은 우리에게도 '작은 예수' 또는 '인격의 성숙'이라는 진짜 성을 쌓기 원하십니다. 그러므로 갈등이든 병이든 문제든 사람이든 그 모두는 결국 우리들의 선생님입니다. 정중하게 인사를 해야지 푸대접해서 쫓아낼 문제가 아닙니다.

지금 아프십니까? 드러내 놓으십시오! 먼저 하나님께 그렇게 하십시오! 친히 어루만져 고쳐 주실 것입니다. 혹 그게 아니면 기도 가운데 하나님은 당신의 사람을 우리에게 보내 주실 것입니다. 하나님의 사랑은 너무 커서 우리가 잘 느끼지 못하기 때문에 때때로 주님은 사람을 보내서 그 사랑을 우리에게 살짝 보여 주실 때가 있습니다. 그렇게 치유해 주실 수도 있으니 그 사람에게 드러내 놓으십시오! 드러내면 치유의 방도가 있습니다. 끙끙 앓던 느헤미야도 왕에게 속을 드러내자 성을 쌓게 되지 않았습니까?

다시 말씀드립니다. 병은 알려야 됩니다. 특히 속 상처는 빨리 드러낼수록 손쓰기가 수월해집니다. 서두르십시오!
  지금 바로.

 내상은 드러내야 고칠 수 있습니다.

17
꼼꼼해야 순조롭다

내가 백성의 부르짖음과 이런 말을 듣고 크게 노하였으나 깊이 생각하고 귀족들과 민장들을 꾸짖어 그들에게 이르기를 너희가 각기 형제에게 높은 이자를 취하는도다 하고 대회를 열고 그들을 쳐서 그들에게 이르기를 우리는 이방인의 손에 팔린 우리 형제 유다 사람들을 우리의 힘을 다하여 도로 찾았거늘 너희는 너희 형제를 팔고자 하느냐 더구나 우리의 손에 팔리게 하겠느냐 하매 그들이 잠잠하여 말이 없기로 내가 또 이르기를 너희의 소행이 좋지 못하도다 우리의 대적 이방 사람의 비방을 생각하고 우리 하나님을 경외하는 가운데 행할 것이 아니냐_5:6-9.

문제가 닥쳤을 때 그것을 해결하는 방식을 보면 그 사람을 알 수 있습니다. 믿는 우리들이 가장 경계해야 할 것은 "좋은 게 좋은 거다"라는 방식입니다. 엄밀히 말하면 그것은 얼렁뚱땅 넘어가려는 것이고 또 하나님이 아니라 사람을 의식한 해결 방법입니다. 믿음의 공동체라도 이런 방식이 보편화되면 그것은 파당과 분열의 단초가 됩니다. 왜냐하면 그런 방식이면 의견은 많아질 수밖에 없고 거기엔 속속들이 인간의 생각이 주류를 이루게 되기 때문입니다. 그것은 똑같은 문제가 계속 반복될 수밖에 없는 모양새입니다. 따라서 우리의 해결 방식이란 기도하는 가운데 일어날 수 있는 모든 경우의 수를 다 대비해야 합니다. 열 가지 중 하나만 잘못돼도 우리 일은 그르치게 된다는 각오로 접근해야 합니다. 그러므로 우리에겐 10-1=9가 아니라 10-1=0이라고 생각해야 옳습니다.

속으로 곪아 왔던 '동족 간의 원망'이란 문제가 결국 터져 나왔습니다. 오자마자 성벽 재건에만 집중해 왔던 느헤미야로서는 엄청난 충격이었습니다. 뭇 백성들의 피를 빨아먹는 귀족들의 행태에 분노를 금할 수 없었습니다. 당장이라도 그들을 잡아들여 곤장을 치고 싶었지만 상황을 볼 때 그것은 문제를 근본적으로 해결하는 방법이 아니었습니다. 성벽은 완성시켜야 하고 유다는 새 역사의 첫 장을 써야 하는 시점이었습니다. 할 수만 있다면 모두 함께 가야 하고 어떻게든 이번 일이 공동체에 전화위복이 되어야 했습니다.

이번에도 느헤미야는 조용히 무릎을 꿇습니다. 그에게 "깊이 생각하고"(7절)란 오랫동안 기도해서 응답을 받았음을 의미합니다. 아울러 마음도 침착해진 느헤미야는 분노를 가라앉히고 해결에 나섰습니다. 가장 손쉬운 방법으로는 총독이라는 지위에 부여된 사법권을 발동하는 것입니다. 털어서 먼지 안 나는 사람은 없으므로 체포하고 구금해서 죄를 자백받으면 됩니다. 하지만 그렇게 되면 억압받는 백성들로서는 반갑겠지만 귀족들과는 영영 멀어지게 됩니다. 또 뭇 백성들과 유력자들도 완전히 층이 진 모습으로 갈라지게 됩니다. 새로운 분열을 조장하는 방법일 뿐입니다. 이 방법은 가장 빠르고 확실했지만 우선적으로 배제해야 할 방법이었습니다.

우리가 속해 있는 공동체에서도 그런 유혹은 수시로 다가옵니다. 간단하게 해결될 수 있다면 깊이 생각하지 않고 선뜻 그 방법을 택할 수 있다는 것입니다. 예를 들면, 문제를 돈으로 해결하려 드는 것 같은 방법입니다. 아무리 믿음의 공동체라도 마음만 먹으면 웬만한 일은 돈으로 다 해결할 수 있습니다. 유력자가 나서서 턱 선심 쓰듯 헌금하면 별 갈등 없이 문제는 해결됩니다. 그러나 그것은 무엇보다 공동체의 화해를 깨고, 나아가서 하나님보다 사람을 더 바라는 식의 인간적인 방식입니다. 따라서 문제에 권력이나 돈이 투입되는 해결은 최악의 방법입니다. 느헤미야가 귀족들과 백성들의 지도자를 만납니다. 어디서든 유력자들은 권력자를 자기편으로 만들려고 회유하고 타협해서 빌붙습니다. 사전에 그 싹을 봉쇄하려는 듯 느헤미야는 그들을 만나자마자 심하게 꾸짖습니다. 귀족들과 민장들은 그의 총독이라는 지위 때문에 두려움으로 느헤미야를 대했을 게 틀림없습니다. 어쩌면 재산은 모두 몰수되고 조상들이 그랬듯 이제는 자기들이 묶여 페르시아로 보내질지도 모르겠다는 생각을 했을 수도 있습니다. 동족들에게 높은 이자를 받는 것은 모세 때부터 금지되었고 더욱이 고리대금업은 율법으로도 금하고 있었지만 지금 그 일이 버젓이 행해지고 있었습니다. 느헤미야는 지금 그 일을 다그치고 있는 것입니다. 다만 실정법이 아닌 조상 때부터 내려 온 전통법을 되새겨 주었습니다. 그리고 그날은 그것으로 끝냈습니다. 물론 느헤미야가 온 백성을 모아 전체 앞에서 다시 그들의 행태를 규탄했지만 한 번 맞은 뒤끝의 매라 통증은 한결 덜했습니다.

그날 느헤미야는 백성들 모두에게 법이 아니라 감성과 이성에 호소했습니다. 이방인들 앞에서 그런 짓 한 것에 대해 부끄러운 줄 알아라, 무엇보다 하나님이 두렵지 않느냐, 이런 일이 계속되는데도 계속 참으실 줄 아느냐 등등 강하지만 법적 구속력은 없는 말들로 백성들에게 호소한 것이었습니다. 아마도 이쯤에서 귀족들은 큰일은 없겠구나, 안도하면서 총독이 원하는 제안은 웬만하면 받아들여야겠구나 생각했을 것입니다.

이 일에 대한 느헤미야의 접근은 매우 신중했고 꼼꼼했습니다. 언행 하나하나가 치밀하게 계획된 모습입니다. 사람들 속에 있는 감정과 이성과 신앙, 그 모두를 자극했습니다. 귀족들로서는 힘을 쓸 수 있는데도 쓰지 않은 느헤미야에게 감사했고, 뭔가 하지 않고는 양심이 찔려 그냥 넘어갈 수 없도록 했습니다. 무엇보다 자기들 조상의 하나님이 두려워지기 시작했습니다. 사람이 봐도 나쁘니 하나님 편에서는 얼마나 가증스럽게 보실지 이제야 소름이 돋는 것입니다.

이 모든 게 기도에서 나온 것임은 두말할 나위가 없습니다. 우리에게도 주님은 첫 그림부터 끝 그림까지를 차례로 보여 주실 것입니다. 역시 비밀은 기도에 있습니다. 기도가 아니면 이런 일은 결코 생기지 않습니다. 느헤미야의 꼼꼼함은 이후의 모든 일을 순조롭게 한 원동력이 되었습니다.

오늘도 일마다 하나님이 가르쳐 주시는 것을 꼼꼼하게 기록해 두십시오! 물론 그것은 머리에서가 아니라 무릎에서 비롯된 것이어야 합니다. 이제부터 덤벙거리는 것을 소탈하고 인간미 있다고 말하지 마십시오! 일을 순조롭게 하는 것은 아주 작은 한 가지 일에도 대비하는 꼼꼼함에 있습니다.

꼼꼼하면 일은 순조롭게 풀립니다.

18

'하나님 경외'가 가장 큰 힘이다

내가 또 이르기를 너희의 소행이 좋지 못하도다 우리의 대적 이방 사람의 비방을 생각하고 하나님을 경외하는 가운데 행할 것이 아니냐 나와 내 형제와 종자들도 역시 돈과 양식을 백성에게 꾸어 주었거니와 우리가 그 이자 받기를 그치자 그런즉 너희는 그들에게 오늘이라도 그들의 밭과 포도원과 감람원과 집이며 너희가 꾸어 준 돈이나 양식이나 새 포도주나 기름의 백분의 일을 돌려보내라 하였더니 그들이 말하기를 우리가 당신의 말씀대로 행하여 돌려보내고 그들에게서 아무것도 요구하지 아니하리이다 하기로 내가 제사장들을 불러 그들에게 그 말대로 행하겠다고 맹세하게 하고 내가 옷자락을 털며 이르기를 이 말대로 행하지 아니하는 자는 모두 하나님이 또한 이와 같이 그 집과 산업에서 털어 버리실지니 그는 곧 이렇게 털려서 빈손이 될지로다 하매 회중이 다 아멘 하고 여호와를 찬송하고 백성들이 그 말한 대로 행하였느니라 _5:9-13.

사극 세트장에서 단역 배우들과 스태프 사이에 갈등이 생겨 촬영이 중단되었습니다. 타협을 위해 몇 차례 접촉을 했지만 상황은 진전되지 않았고 마감 시간은 점점 다가오고 있었습니다. 다음 날 방영분은 찍지 못하고 드라마는 결방될 위기까지 치달았습니다. 그때 평소 자기 연기에만 몰두했던 주연 배우가 단역 배우들의 캠프를 찾았습니다. 그리고 "많이 힘드시죠?"라는 말 한 마디를 하고는 잠시 서 있었습니다. 곧 그는 그곳을 떠나 스태프 진으로 가서도 또 무슨 말인가를 잠시 건넸습니다. 그러자 양 캠프 다 부산하게 움직이기 시작했고 결국 촬영을 마쳤습니다. 가끔 등장만 해도 좌중이 정리되는 사람이 있습니다. 특별한 행동이 없는데도 사람들은 그에게 압도됩니다. 그 근원이 뭔지를 살펴야 언젠가는 우리도 그런 힘을 소유할 수 있습니다. 그래서 그런 사람이 우리 앞에 나타나면 보고 또 봐야 합니다.

공동체가 벌이는 사역이 크면 클수록 민초들의 그늘 역시 커지게 마련입니다. 성벽 재건은 그 의의와 뜻이 커서 누구도 반대할 수 없었지만 시간이 갈수록 백성들의 고통 역시 커져 갔습니다. 원래부터 상존해 있던 식량난과 피식민지 백성으로서의 과중한 세금도 감당하기 어려운 마당에 덜컥 흉년이 들어 버리자 백성들은 부자들에게 생존을 저당 잡혀야 했습니다. 전답을 담보로 식량을 얻어야 했고 빚을 갚지 못하자 백성들은 땅은 물론 자녀들까지 빼앗겼습니다. 귀족들은 담보물로 잡은 동족의 자녀를 매매하기까지 악행을 서슴지 않았습니다. 문제는 이런 와중에도 백성들이 거기에 대항할 아무런 힘이 없었다는 것입니다. 그 백성들의 통곡과 울분이 느헤미야 앞에 터져 나왔고 이에 분개한 그가 문제를 직접 해결하려 나선 것입니다. 마음을 다스려 침착하게 갈등의 전모를 파악했고 기도 중에 위로부터 해결책을 받았습니다. 그리고 일차 꾸짖을 귀족들과 백성들을 한자리에 모아 설득하기 시작했습니다.

높은 곳의 물은 아래로 떨어지면 큰 힘을 내게 됩니다. 이때 낙차가 크면 클수록 에너지는 폭발적으로 증가하게 됩니다. 인격의 힘도 그렇습니다. 창조주 하나님이 작아지고 작아져서 눈으로 식별이 불가능한 수정란으로 소녀의 태중에 들어가시자 인류는 영원한 생명에 들어갈 수 있었습니다. 힘이란 그렇습니다. 쓸 수 있지만 감추고 있을 때 상대방은 오히려 더 큰 힘을 느끼고 알아서 굴복합니다. 느헤미야는 총독의 권한을 쓰는 대신, 페르시아에서 돌아올 때 자신이 한 일을 담담하게 밝힙니다. 그곳에 노예로 팔려 온 유다 형제들을 비싼 값에 되사서 함께 고국으로 돌아왔다는 것입니다. 그의 소유는 전부 거기에 투입됐을 것입니다.

귀족들과 민장들은 할 말이 없었습니다. 깊은 감동과 함께 자기들도 느헤미야를 따르겠노라고 순순히 굴복합니다. 밭과 포도원 등은 물론이고 이자로 받은 것까지 모두 원래의 주인들에게 돌려주기로 했습니다. 이에 느헤미야는 그들의 결심을 돕기 위해 제사장을 불러 맹세를 시킵니다. 그리고 맹세를 지키지 않을 때 일어나는 일을 보여 주기 위해 자기의 옷자락을 텁니다. 맹세를 지키지 않으면 하나님이 그렇게 텅 비게 할 것이라고 말합니다. 백성들은 아멘 하고 여호와를 찬송하며 말한 대로 실행했습니다. 그렇게 유다 백성들은 가장 큰 고비를 넘겼습니다.

우리는 힘의 실체를 잘못 알고 있을 때가 많습니다. 힘이란 먼저 그 근원이 어디로부터인지를 알아야 힘이 됩니다. 많은 경우 그것을 모른 채 쓰다가 거꾸로 자신이 그 힘에 맞아 좌초합니다. 힘은 돈이나 권력이나 지위에서 나오는 게 아닙니다. 오히려 그런 것들을 다 뺀 나머지에서 나옵니다. 돈과 학벌과 가문과 외모, 그리고 사회적 지위와 권력, 인맥 등을 쭉 짜서 비워 보십시오. 뭐가 남는 게 있습니까? 바로 그게 진짜 힘입니다.

사무엘 선지자가 다윗의 일로 베들레헴에 당도하자 성읍 장로들이 벌벌 떨며 그를 영접했습니다. 평강을 주기 위해 그 마을을 찾은 것이라고 밝혔음에도 그들은 두려움을 떨치지 못했습니다. 우리는 너무나 고결한 사람을 만나면 그 인품과 영성에 압도돼서 떨게 됩니다. 오늘 예루살렘 사람들도 비로소 느헤미야에게서 그런 맑고 깊은 영성을 본 것일까요? 깊은 샘에서 끌

어울린 물처럼 차고 시원했나 봅니다. 자신들의 큰 흠이 그로부터 씻겨 나간 듯 정화됨을 느꼈습니다.

하나님은 예배를 받으실 분입니다. 우리는 창조주에 대한 피조물로서의 위치를 알고 명확하게 금 이쪽 편에서 두려움과 떨림으로 그분을 대해야 합니다. 즉 경외, 사랑과 두려움으로 그분을 만나야 합니다. 아버지와 아들이 아무리 친해져도 아들은 아들이고 아버지는 아버지입니다. 존경과 사랑뿐 아니라 매질도 불사하는 엄함이 있어야 관계는 유지됩니다.

스스로의 빛으로 빛나는 별은 거의 없습니다. 모두 다른 별의 빛을 받아 그 빛으로 반짝거리는 것입니다. 느헤미야가 아무리 고결한들 제 고유의 빛으로 우리를 비추는 것이겠습니까? 하나님을 매일 바라보고 그리워하고 기도하니까 그 빛을 일부 받아 우리를 비추는 것입니다. 사랑과 놀라움과 두려움으로 주님을 매일 바라보면 우리도 그런 영성을 소유하게 될 것입니다. 힘은 하나님을 사랑하며 두려워하는 마음에서 생기는 법입니다. 해바라기가 해를 바라보듯 '주바라기'인 우리들은 늘 주님을 바라봐야 합니다. 그때야 비로소 힘은 발생합니다.

하나님을 경외함이 가장 큰 힘입니다.

19
할 얘기가 있게 살아야 한다

또한 유다 땅 총독으로 세움을 받은 때 곧 아닥사스다 왕 제이십 년부터 제삼십이 년까지 십이 년 동안은 나와 내 형제들이 총독의 녹을 먹지 아니하였느니라 나보다 먼저 있었던 총독들은 백성에게서, 양식과 포도주와 또 은 사십 세겔을 그들에게서 빼앗았고 또한 그들의 종자들도 백성을 압제하였으나 나는 하나님을 경외하므로 이같이 행하지 아니하고 도리어 이 성벽 공사에 힘을 다하며 땅을 사지 아니하였고 내 모든 종자들도 모여서 일을 하였으며 또 내 상에는 유다 사람들과 민장들 백오십 명이 있고 그 외에도 우리 주위에 있는 이방 족속들 중에서 우리에게 나아온 자들이 있었는데 매일 나를 위하여 소 한 마리와 살진 양 여섯 마리를 준비하며 닭도 많이 준비하고 열흘에 한 번씩은 각종 포도주를 갖추었나니 비록 이같이 하였을지라도 내가 총독의 녹을 요구하지 아니하였음은 이 백성의 부역이 중함이었더라 내 하나님이여 내가 이 백성을 위하여 행한 모든 일을 기억하사 내게 은혜를 베푸시옵소서_5:14-19.

신문 연재나 책으로 발간된 자서전류를 보면 저자가 한 일에 적잖이 감탄하게 됩니다. 그러나 그런 것들이 마음에 감동으로 남아 인생을 가르쳐 주는 경우는 적습니다. 대부분 자신들이 이룬 업적을 자랑하고 그렇게 되기까지의 지혜와 힘을 얘기하기 때문입니다. 그런 곳에서 인생의 본질을 찾기란 참으로 어렵습니다. 믿는 이들의 얘기는 성과나 성공에 있지 않습니다. 우리의 기준은 언제나 약한 이들을 얼마나 섬기고 희생했느냐에 있고 그렇게 달려온 흔적만이 후에 얘깃거리가 됩니다. 그런 것 말고는 모두 땅에 묻어 버려도 손해 날 것은 전혀 없습니다. 얘깃거리를 만들려면 그럴 만한 삶을 살아야 합니다.

  느헤미야는 지금 예루살렘 '성벽 재건사'를 회고록 형식으로 쓰고 있습니다. 단 52일 간의 공사였지만 비교적 세밀하게 기록해 나가고 있습니다. 쓰게 된 동기와 기도의 순간들, 그리고 하나님의 섭리와 대적들의 방해, 또 공사 중 일어난 형제간의 갈등과 소소한 사건들까지 가감 없이 기록해 나가고 있는 것입니다. 그리고 처음으로 이쯤에서 자기의 공적을 기록하고 있습니다. 물론 겸손했던 그였기에 스스로 이런 기록을 남기려고 하지는 않았을 것입니다. 여기엔 성령의 강권적인 권유가 있었음에 틀림없습니다. 붓을 잡은 이는 성령님이시므로 자신이 싫어도 그분의 뜻에 따라 이 얘기를 쓰고 있는 것입니다. 그는 지금 가장 중요한 사랑의 이야기를 기록하고 있습니다.

그는 사랑의 의미를 제대로 알고 있었습니다. 사랑은 먼저 하나님을 경외하며 사는 삶이 기본이 되어야 합니다. 베푸신 은혜에 감사해서 늘 벅찬 기쁨으로 하늘을 우러러보는 것, 그러나 피조된 존재라는 것을 기억하고 늘 놀라움과 두려움으로 바라봐야 한다는 것을 잊지 않았습니다. 그리고 그 사랑은 주님을 예배하고 찬양하는 동시에 같은 피조물인 형제들을 섬기는 것으로 나타나야 한다는 것 또한 잊지 않았습니다.

하나님을 경외하는 것이 바탕이 되지 않고 곧장 인간을 향하는 사랑은 단순한 인간애에 지나지 않고, 반대로 형제를 사랑하지 않는 하나님 사랑은 그저 광신狂信일 뿐입니다. 그렇게 사랑은 늘 하나님 경외와 형제 섬김이라는 두 날개로 나는 것입니다. 느헤미야는 진정한 사랑이 어떤 모습인지를 분명히 알았고 그것을 자신의 삶 속에 구현해 냈습니다. 물론 이렇게 된 힘은 두말할 것 없이 깨어 있는 한 늘 습관처럼 계속되는 그의 기도에 있었습니다. 실로 기도는 모든 지식과 모든 깨달음의 샘입니다. 그래서 '기도는 모든 것을 가능케 한다'는 것은 거짓 명제가 아니라 참 명제입니다. 느헤미야가 그것을 증명하고 있습니다.

느헤미야는 12년 동안 총독의 공직에 있으면서 녹을 먹지 않았습니다. 이전 총독들은 공녹을 받는 것은 물론이고 백성들에게서 양식과 포도주와 현금까지 모든 것을 받아 누렸습니다. 그것은 합법적 징수가 아니라 착취였습니다. 더욱이 그 종들까지 가세했다니 얼마나 백성들의 허리가 휘었을지는 상상이 갑니다. 느헤미야는 이 모든 관행을 파한 것은 물론이고 오히려 백성들을 자기 식탁에 초대해 함께 나누었습니다. 매일 백오십 명이 둘러앉은 식사 자리를 생각해 보십시오! 소 한 마리와 살진 양 여섯 마리에 셀 수도 없는 닭이 요리되고 좋은 포도주까지 갖춘 정찬의 식탁은 얼마나 번거로우며 사비로 충당되는 그 비용은 또 얼마나 과중했겠습니까? 그런데도 느헤미야는 그 일을 끝까지 해나갔습니다. 그 이유는 성벽 공사가 백성들에게 너무나 무거운 부역이었기 때문입니다. 고맙고 미안하고 감사했습니다. 사랑은 마땅히 느낄 감정을 느끼는 것에서 비롯됩니다. 그리고 할 수 있는 한 그 마음을 표현하고 섬기는 데서 싹트는 것입니다. 자기에게 주어진 권리를 포기할 뿐 아니라, 그 권리를 다른 이들에게 돌리는 것입니다.

박사 학위를 세 개나 가졌던 슈바이처가 의사가 되어 정글로 떠나자 많은 사람들이 그를 존경하게 됐습니다. 노벨 평화상 수상자로 확정이 됐지만 환자들을 돌보느라 시상식에도 참석하지 못했습니다. 그는 힘이 있었지만 그 힘을 약자를 섬기는 데 썼던 귀한 사람이었습니다.

느헤미야 역시 당대의 힘 있는 강자로서 약자들을 위해 힘썼던 사람이었습니다. 그만큼 느헤미야의 예루살렘 행은 참으로 거룩하고 소중한 결단이었습니다.

예루살렘에 가서 성벽 공사를 시작했고, 도중에 한 번도 중단할 이유를 찾은 적 없고, 다른 한편으로는 형제들을 위로하고 섬겼습니다. 무수한 어려움도 이겨 냈습니다. 그건 사랑이었고 그 사랑은 처음부터 끝까지 변질되지 않았습니다. 그리고 이제 그는 하나님께 자기의 이런 사랑에 마침표를 달듯이 고백합니다.

"내 하나님이여 내가 이 백성을 위하여 행한 모든 일을 기억하사 내게 은혜를 베푸시옵소서!"

그것은 어떤 대가를 요구하는 것이 아닙니다. 자기가 한 일에 뭔가를 받아 내려는 목적이 아닙니다. 진짜 사랑은 주는 것으로 끝입니다. "다만 저의 그 행실로 하나님을 사랑한다는 것만 알아주십시오. 제 사랑의 흔적을 봐주세요. 그거면 족합니다." 그런 고백입니다. 그것 외의 다른 것으로 이 기도를 해석한다면 그것은 느헤미야를 잘못 이해하는 것입니다. 하나님을 경외하고 형제를 진심으로 섬길 수 있다면 거기에 무슨 복을 더 하겠습니까? 그것 자체가 최고 최선의 열매입니다. 이렇게 해서 느헤미야는 불후의 얘깃거리를 남겼습니다. 그 무엇도 사랑보다 나은 얘깃거리는 없습니다.

사랑하고 섬기는 가운데 우리도 오래 기억될 얘기를 쌓아 두어야 합니다. 사랑은 마땅히 느낄 감정을 느끼고 작더라도 그것을 표현하는 데서 시작합니다. 하나님께서 우리에게 베푸신 것을 생각해 보십시오! 형제들의 존재 자체가 우리에게는 감사가 아닌가요? 그래서 오늘도 우리는 또 하나님 경외가 우선순위의 가장 앞쪽이고 아울러 형제를 섬기는 게 의무임을 알게 됩니다.

느헤미야처럼 할 얘기가 있도록 살아야 합니다. 사랑 외에는 그 무엇도 대수로운 얘기가 없습니다. 오늘도 하나님 사랑과 형제 사랑의 두 날개로 훨훨 납시다! 그게 우리들의 오늘 밤 얘깃거리입니다.

> 하나님의 자녀는 언제든 할 얘기가 있도록 살아야 합니다.
> 사랑해야 합니다.

20
즉시 "아니오!"라고 말해야 한다

산발랏과 도비야와 아라비아 사람 게셈과 그 나머지 우리의 원수들이 내가 성벽을 건축하여 허물어진 틈을 남기지 아니하였다 함을 들었는데 그 때는 내가 아직 성문에 문짝을 달지 못한 때였더라 산발랏과 게셈이 내게 사람을 보내어 이르기를 오라 우리가 오노 평지 한 촌에서 서로 만나자 하니 실상은 나를 해하고자 함이었더라 내가 곧 그들에게 사자들을 보내어 이르기를 내가 이제 큰 역사를 하니 내려가지 못하겠노라 어찌하여 역사를 중지하게 하고 너희에게로 내려가겠느냐 하매 _6:1-3.

국민성에 따라 우유부단이 미덕이 되는 나라가 있습니다. 우리나라가 그렇고 이스라엘이 그렇습니다. 문제는 우유부단함이 좋은 쪽보다는 나쁜 쪽의 결정으로 흐를 때가 많다는 것입니다. 내심이 있음에도 불구하고 다른 요구에 끌려 다니다가 외관상 무난한 수준에서 일을 마무리합니다. 하지만 그게 함정이고 그 효력은 잠복기를 거쳐 서서히 증상으로 나타납니다. 나중엔 지병이 되어 평생을 괴롭히는 문제로 자리 잡습니다. 사라가 하갈을 씨받이로 삼겠다고 했을 때 아브라함은 즉시 "아니오!"라고 거절했어야 합니다. 하지만 당장의 화평을 위해 허락했고 그 결정은 그의 평생뿐 아니라 인류에도 깊은 암운을 드리웠습니다. 수천 년간 계속된 이스라엘과 아랍의 전쟁 대치 국면이 그 후유증입니다.

기도하면 수용과 거절은 명료해집니다. 거절로 나왔을 땐 어떤 상황, 어떤 관계든지 즉시 "아니오!"라고 말해야 합니다.

예루살렘의 성벽이 그 위용을 드러내기 시작했습니다. 자기 집 앞은 자기들이 쌓도록 해서 이제는 성벽이 빈틈없이 연결되었습니다. 성문에 문짝 다는 일만 남았으니 전 공정의 95퍼센트가 완성된 셈입니다. 이때 다시 한 번 느헤미야에게 유혹이 닥쳐옵니다. 산발랏 일당이 국경 부근의 한 마을에서 만나자는 전갈을 보내온 것입니다. 겉으로는 평화 회담을 가장하고 있지만 느헤미야를 암살하려는 의도였습니다. 이게 유혹이 되는 이유는 일도 거의 끝난 마당에 총독끼리의 만남은 시기적으로도 명분과 권위를 부여해 주는 까닭입니다. 어떤 일이든 기도로 문을 열면 성령께서는 빛인지 어둠인지를 가르쳐 주십니다. 이런 대사大事에 기도를 생략할 리 없는 느헤미야는 분명히 가지 말라는 응답을 받았을 것입니다. 그동안의 행태로 미루어 보건대 그들의 제안은 상식적으로도 음모임을 알 수 있는 것입니다. 느헤미야의 대응은 신속했습니다. 그들에게 사자를 보내 성벽 공사 중이므로 자리 비우기가 어렵다고 통보한 것입니다.

이 장면에서 느헤미야의 지혜로움은 더 돋보입니다. 이미 여러 차례 이스라엘 백성을 욕보인 그들은 상대할 가치조차 없어 보입니다. 만나자고 한들 무응답으로 일축하면 그뿐입니다. 우리가 느헤미야의 위치에 있었다면 '대답할 가치조차 못 느낌'이라는 일기를 썼을 것입니다. 그러나 무응답이 현명할 때가 있고, 반대로 응답해야 뒷감당이 쉬울 때가 있습니다. 우리에게는 그렇게 무응답과 응답 사이의 외줄에서 곡예를 벌여야 될 때가 의외로 많습니다. 역시 해결은 성령님께 여쭙는 길밖에 없습니다. 느헤미야의 결론은 즉시 응답하되 그 내용은 "아니오!"였습니다.

대답의 내용뿐 아니라 '곧'(3절)이라는 시간도 너무나 중요합니다. 시간을 놓치면 모든 게 수포로 돌아갈 수 있기 때문입니다. 대체로 "아니오!"라고 말할 시기는 얘기를 들은 즉시여야 할 때가 많습니다. 시기를 놓치면 대답의 효과도 퇴색하기 쉽습니다. 거절을 못하는 것이 미덕인 시절은 지나갔습니다. 하나님의 요구에는 "예!" 할 것밖에 없지만 사람의 요구에는 "아니오!" 할 게 더 많습니다. 마지못해 수락하고 마지못해 뛰어드는 것은 문제를 크게 만들 뿐입니다. 더 나은 인간관계와 교회 공동체 생활을 위해서도 "예!"와 "아니오!"는 더 필요합니다. 부정할 때 하지 않고 머뭇거리면 상대방은 오해합니다. 그리고 그런 시간이 계속되면 상황은 더 미궁에 빠져들어 갑니다. 그래서 때늦은 '아니오!'는 분노와 분란을 유발할 뿐입니다.

이런 복잡한 일들을 면하는 방법이 있습니다. 성문을 달지 않는 한 성벽은 완공이 아닙니다. 느헤미야에게는 다른 문제가 아니라 아직도 '주의 일'이 끝나지 않았습니다. 그 일이 끝나기까지는 한눈팔 수 없습니다. 마지막까지 집중하겠다는 것입니다. 바로 "그의 나라와 그의 의를" 위해서입니다. 큰일 속에 작은 일이 있고, 큰 기도 제목 속에 작은 기도 제목이 있습니다. 따라서 큰일과 큰 기도 제목이 완성되고 응답되면 작은 일, 작은 기도 제목은 자연 해결되는 것입니다. 주의 일이 우선이고 거기에 충실하면 사소한 것들은 다 작은 소용돌이일 뿐입니다. 제풀에 사라질 것입니다. '예'냐 '아니오'냐는 그리 어렵지 않은 숙제가 될 것입니다.

오늘도 느헤미야의 행적을 따라갑시다. '주의 나라와 주의 의를 위해' 현장으로 뛰어들어야 합니다. 한눈팔지 말고 "예!"로 성 쌓는 일에 몰두해야 합니다. 이 모두를 막는 어떤 유혹과 방해 앞에서도 우리가 대답할 것은 "아니오!"라는 말 한 마디밖에 없습니다.

언제든 아닌 것에는 즉시 "아니오!"라고 말해야 합니다.

21

진실은 긴 설명이 필요 없다

그들이 네 번이나 이같이 내게 사람을 보내되 나는 꼭 같이 대답하였더니 산발랏이 다섯 번째는 그 종자의 손에 봉하지 않은 편지를 들려 내게 보냈는데 그 글에 이르기를 이방 중에도 소문이 있고 가스무도 말하기를 너와 유다 사람들이 모반하려 하여 성벽을 건축한다 하나니 네가 그 말과 같이 왕이 되려 하는도다 또 네가 선지자를 세워 예루살렘에서 너를 들어 선전하기를 유다에 왕이 있다 하게 하였으니 지금 이 말이 왕에게 들릴지라 그런즉 너는 이제 오라 함께 의논하자 하였기로 내가 사람을 보내어 그에게 이르기를 네가 말한 바 이런 일은 없는 일이요 네 마음에 지어낸 것이라 하였나니 이는 그들이 다 우리를 두렵게 하고자 하여 말하기를 그들의 손이 피곤하여 역사를 중지하고 이루지 못하리라 함이라 이제 내 손을 힘 있게 하옵소서 하였노라 _6:4-9.

80년대에 시국 사건 법정에 간 적이 있습니다. 피고는 무고한 사람이었고 당국은 그의 죄를 밝혀내야 했습니다. 검사의 논고와 피고에 대한 증인 심문은 무척 길었습니다. 없는 죄를 만들어 내야 했으므로 사건과 배경은 정교하고 치밀하게 구성되어 있었습니다. 피고가 부정하자 그 부정을 부정하기 위해 여러 사람과 정황이 동원됐습니다. 피고에게 최후 진술의 시간이 주어지자 자신은 범죄 사실이 없으므로 그 법정은 애당초 존재 이유가 없었다는 말로 발언을 끝냈습니다. 10초 남짓한 시간이었습니다. 그리고 선고 공판에서 그는 무죄를 선고받고 석방됐습니다. 진실에 비해 거짓을 말하는 시간은 천 배가 넘었습니다. 진실은 긴 설명이 필요 없습니다.

느헤미야가 처음 도착할 때부터 마귀가 돼서 괴롭혔던 삼인방은 산발랏과 도비야와 게셈이었습니다. 산발랏은 사마리아의 총독, 도비야는 그의 하수인, 게셈은 아라비아의 지도자였습니다. 산발랏은 유다 총독까지 겸임하려는 야심이 있었고 게셈은 예루살렘 근교의 무역을 독점하고 있었습니다. 성벽이 완성되고 느헤미야의 영향력이 커지면 그들이 입는 정치적, 경제적 손실은 말할 수 없이 커지게 됩니다. 그래서 그들은 어떻게든 유다와 느헤미야에게 흠집을 내려고 하는 것입니다. 백성들을 상대로 도발한 게 별 효과가 없자 이제는 지도자인 느헤미야를 겨냥하곤 그를 쓰러뜨리려 하는 것입니다.

언제든 목자를 치면 양 무리는 흩어지게 되어 있습니다. 그래서 원수들은 늘 목자를 노리는 것입니다. 발 없는 말이 천리를 간다는 것을 알았는지 산발랏 일당은 이번엔 악성 루머로 느헤미야를 잡으려 들고 있습니다. 그가 성벽을 쌓고 반란을 일으켜 유다 왕이 되려고 한다는 것입니다. 이런 소문이 퍼져 페르시아 왕에게까지 들어가면 느헤미야는 소환당하고 그 틈에 산발랏 일당은 유다 백성을 흩어 버릴 것입니다. 그들은 그런 소문을 수습해 준다는 말로 느헤미야를 국경 부근으로 끌어내려 하지만 거기에 넘어갈 느헤미야가 아니었습니다. 느헤미야는 그들에게 이런 일은 있지도 않는 일이고 너희가 이 모두를 지어냈다는 답변 한 방으로 문제를 끝냈습니다.

흔들림 없이 진실을 사수하는 것은 믿음이 작동되어야 합니다. 나를 믿고, 하나님을 믿고, 신뢰를 보여 준 내 사람들을 믿어야 합니다. 우선 나를 믿으려면 스스로 부끄럼이 없어야 합니다. 행위로 짓는 죄는 물론이고 죄에 대한 동기까지도 끊어 내야 합니다. 솟아오르는 죄성을 방어하는 일은 힘겹습니다. 기도와 묵상과 말씀 실천의 적극적인 공세가 필요한 것은 그래서입니다. 흐르는 영성은 죄를 다 덮어 버립니다.

또 하나님이 우리를 사랑하신다는 것은 새벽이 오는 것처럼 명백합니다. 그 사랑의 부피는 너무 큽니다. 그래서 잘 못 느낄 뿐입니다. 하나님의 손은 지금도 섬세하게 움직이십니다. 우리들 각자를 다른 방법으로 사랑하고 계십니다. 그것은 변할 수 없는 사실입니다.

아울러 나를 사랑해 주는 내 주변의 모든 이들은 어떤 경우에도 우리를 믿어 줄 것입니다. 이런 믿음이 합해질 때 우리가 하는 말은 비로소 힘 있게 됩니다. 길게 하지 않더라도 우리가 하는 말들은 진실의 동심원을 그리며 퍼져 나가게 될 것입니다.

소문을 수습한 느헤미야는 또 새로운 기도로 상황을 전환합니다.

"이제 내 손을 힘 있게 하옵소서." 성벽의 마지막 공정인 성문을 달기까지 주의 사역에 매진하게 해달라는 기도입니다. 우리는 오늘 진실을 규명하는 가장 좋은 방법을 느헤미야에게 또 한 수 배웁니다. 어떤 위태한 상황에서라도 밝힐 것은 간단히 말하고, 하던 일을 위해 계속 기도를 이어 가야 한다는 것입니다. 골칫덩이를 확인 사살하고 사명의 커튼을 활짝 여는 게 기도라는 것입니다. 그렇게 기도는 다시 모든 일의 시작이요 끝이라는 것을 알게 됩니다.

진실 공방에 휩싸일 때 우리는 여럿을 기억할 게 없습니다. 진실은 하나님이 아시고 내가 알고 상대방마저 압니다. 규명은 짧게 사실을 말하고 마무리로 기도하면 끝입니다.

그 기도의 관성으로 앞으로 나아갈 일입니다. 헛소문은 깊이 가라앉아 다시는 떠오르지 않게 될 것입니다. 지금 하고 있는 일을 힘 있게 할 때입니다.

오늘도 마귀는 우리에 대한 봉하지 않은 편지를 여기저기 돌릴 것입니다.

염려할 필요 없습니다. 사실을 말하고 기도하십시오!

진실은 긴 설명이 필요 없습니다.

22
죽마고우도 믿을 대상은 아니다

이 후에 므헤다벨의 손자 들라야의 아들 스마야가 두문불출하기로 내가 그 집에 가니 그가 이르기를 그들이 너를 죽이러 올 터이니 우리가 하나님의 전으로 가서 외소 안에 머물고 그 문을 닫자 저들이 반드시 밤에 와서 너를 죽이리라 하기로 내가 이르기를 나 같은 자가 어찌 도망하며 나 같은 몸이면 누가 외소에 들어가서 생명을 보존하겠느냐 나는 들어가지 않겠노라 하고 깨달은즉 그는 하나님께서 보내신 바가 아니라 도비야와 산발랏에게 뇌물을 받고 내게 이런 예언을 함이라 그들이 뇌물을 준 까닭은 나를 두렵게 하고 이렇게 함으로 범죄하게 하고 악한 말을 지어 나를 비방하려 함이었느니라 내 하나님이여 도비야와 산발랏과 여선지 노아댜와 그 남은 선지자들 곧 나를 두렵게 하고자 한 자들의 소행을 기억하옵소서 하였노라_6:10-14.

월리엄 틴데일은 최초로 성경을 영어로 번역한 사람입니다. 16세기 당시는 성경이 라틴어로만 출판되었기 때문에 평신도는 물론이고, 대부분의 성직자들도 읽을 수가 없어서 성경에 무지했습니다. 이런 현실을 보고 틴데일은 영국을 떠나 독일과 벨기에로 옮겨 다니며 숨어서 성경을 번역했고 마침내 출판까지 마무리했습니다. 어느 날 그는 친구와 한 장소에서 식사를 하기로 약속이 되어 있었습니다. 죽마고우였습니다. 그런데 그는 로마교황청에 매수되어 틴데일을 배신했습니다. 친구와 식사하러 나온 틴데일은 사로잡혀 1535년 성경을 영어로 번역했다는 죄목으로 화형에 처해졌습니다.

쓰러뜨리려는 사람의 최측근을 매수해서 끝장 보는 것은 마귀의 고전적 수법입니다. 마귀는 매수되지 않을 것 같은 사람까지 꼬드겨 자기편을 만드는 능력이 있습니다. 느헤미야에게도 이런 일이 일어났습니다. 친구인 스마야의 두문불출이 길어지고 있었습니다. 의아하기도 하고 걱정스럽기도 해서 친구 집을 찾아갔는데 칩거하고 있던 그에게 놀라운 소식을 듣습니다. 그의 예언에 따르면 산발랏이 자객을 보내 느헤미야를 죽이려 한다는 것입니다. 그러면서 자기와 함께 안전지대로 피할 것을 종용합니다. 느헤미야는 단호하게 거절합니다. 총독의 위치에서도 그렇지만 스마야가 말한 안전지대란 자신은 들어갈 수 없는 곳이었습니다. 그곳은 제사장인 친구에겐 출입이 허용되지만 신도인 자신은 율법에 금지된 성전의 지성소였습니다. 외인이 접근하면 죽임을 당하게 되는 곳이었습니다. 죽음을 면한다 해도 율법을 어긴 총독을 흔들어 궁지에 몰아넣기에는 안성맞춤이었던 것입니다. 느헤미야는 그 꾐에 넘어가지 않았고 곧 그 친구가 산발랏 일당에게 매수당했다는 것도 알아차리게 됩니다. 느헤미야는 친구 스마야뿐 아니라 그를 괴롭혔던 사람들의 이름을 부르며 하나님께 그들의 소행을 기억해 달라는 기도로 이 일을 벗어납니다.

우리를 쓰러뜨리려는 마귀의 작전은 집요하고 교묘합니다. 물리력을 동원해서 듣지 않으면 오감을 부추겨 부정적 생각을 집어넣기도 하고 마지막엔 가장 가까운 사람을 이용해서라도 우리를 흔듭니다. 이런 강도 높은 작전에 넘어가지 않기란 쉬운 일이 아닙니다. 특히 지인을 이용하는 데에는 의심이 가면서도 끌려가게 되고, 아니다 싶을 때면 이미 일은 끝나 있기 일쑤입니다. 후회해 보지만 돌이킬 수 없습니다. 그러므로 가장 경계해야 될 것은 '어떻게 그 친구가 매수돼서 나를 팔 수 있지?' 하는 생각입니다. '매수된다'는 것은 꼭 큰일과 명분 있는 일에만 적용시킬 것은 아닙니다. 사소한 일에도 마찬가지입니다.

인간은 그리 강직하거나 의롭지 않습니다. 자기에게 유익이 되고 물질이 개입되면 언제든 배신할 수 있는 존재입니다. 그것은 평소 나와의 관계나 무한 신뢰를 보냈던 친구 본인의 인품과도 별개입니다. 오래 쌓아 왔던 공든 탑도 일시에 무너뜨릴 수 있는 존재가 인간입니다. 예수님의 측근이었던 가룟 유다를 보면 이 모두가 증명되지 않습니까? 예수님이 누구시고 어떤 분입니까? 그분의 장차 계획과 가룟 유다를 향한 사랑은 어땠습니까? 그러나 그 상식도 약간의 이권과 셈 앞에서 간단히 엎어지는 것을 볼 수 있습니다.

다시 기억할 게 있습니다. 인간은 그 누구라도 믿을 대상이 아닙니다. 다만 사랑할 대상입니다. 만약 사람을 믿게 된다면 언젠가 실망하게 됩니다. 그것도 내게 가장 가까운 사람일 수 있습니다. 못 보면 궁금하고 걱정되는 그 사람이 우리를 배신하고 팔 수 있다는 것입니다. 느헤미야에게 스마야는 바로 그런 사람일 수 있습니다. 가장 가까운 친구가 내 목숨을 담보로 매수됐다니 소름 끼치는 일이 아닐 수 없습니다. 그러나 그게 인간입니다.

그들을 미워할 것도, 정죄할 것도 없습니다. 느헤미야처럼 "그들의 소행을 기억하옵소서!"라고 기도하며 하나님께 맡겨야 합니다. 하나님이 당신의 방법으로 그들을 손보실 것입니다. 언제나 마지막 시험은 통과하기 어렵습니다. 우리에게 마지막 시험이란 가장 가까운 이를 통해 오는 유혹입니다. 그간의 관계와 인류을 봐서라도 거절할 수 없습니다. 하지만 그럴수록 냉철한 안목이 필요합니다. 눈으로 보고 머리로 생각하되 마음으로는 기도해야 합니다. 성령님이 가르쳐 주시는 것이 가장 확실합니다.

사랑하되 믿지는 말아야 합니다. 다시 다짐할 것, 우리 믿음의 대상은 오직 하나님 한 분뿐입니다. 그 외에는 다 사랑할 뿐입니다.

아무리 죽마고우라도 믿을 대상은 못 됩니다.

23
성은 짧은 기간에도 쌓아 올릴 수 있다

성벽 역사가 오십이 일 만인 엘룰월 이십오 일에 끝나매 우리의 모든 대적과 주위에 있는 이방 족속들이 이를 듣고 다 두려워하여 크게 낙담하였으니 그들이 우리 하나님께서 이 역사를 이루신 것을 앎이니라_6:15-16.

가끔 자기가 해놓은 일에 대해 스스로 놀랄 때가 있습니다. 윌리엄 와일러 감독은 영화 〈벤허〉의 시사회 때 "주여! 정말 이 영화를 제가 만들었습니까?"라고 외쳤다고 합니다. 자신이 이룬 일이 너무나 엄청나서 믿지 못하겠다는 것입니다. 누구나 크든 작든 그런 경험은 다 있을 것입니다. 오늘 이스라엘 백성들도 그랬습니다. 성벽을 쌓기 시작한 지 52일 만에 드디어 성이 완성된 것입니다. 수산 궁에 있던 느헤미야가 처음 예루살렘 성벽 중건을 생각한 후 6개월 만에 이런 대역사가 이루어진 것입니다. 예루살렘은 해발 800미터에 위치한 산성 도시입니다. 주전 586년 바벨론 침공 때 성은 철저히 파괴됐고 그렇게 142년 동안 방치되어 있었습니다. 쓸 만한 돌이 있다 한들 골짜기로 무너져 내린 것들을 끌어올리는 것은 바위를 새로 만들어 쓰느니보다 어려운 일이었습니다. 그런 절벽 같은 산꼭대기에 2~3킬로미터나 되는 성벽을 두르는 일이 얼마나 고된 사역인지는 도무지 상상이 가질 않습니다. 훼방 놓았던 자들도 정말 성이 완성될까 걱정해서라기보다는 장난 비슷하게 그러지 않았나 생각이 들 정도입니다.

단기간에 이렇게 성벽을 완공한 요인이 뭔지는 각자가 꼼꼼히 생각해야 할 숙제입니다. 똑같은 일을 두고도 사람마다 관점이 달라 다른 답이 나올 수 있는 까닭입니다. 하지만 이 사건을 두고 우리가 공통적으로 생각해 봐야 할 문제가 있습니다. 일을 서두르는 게 꼭 나쁘기만 하냐는 것입니다. 대부분의 일은 서두르면 실패하기 십상이라 대기만성大器晚成이나 절차탁마切磋琢磨의 교훈을 상기해야 하는 게 사실입니다. 하지만 때로는 급히 마쳐야 될 일도 있는 법입니다. 그렇다면 어떤 일이 시간을 두고 차근차근 해야 할 일이며 어떤 일이 급히 서둘러야 할 일일까요? 물론 상황에 따라 판단할 수밖에 없을 것입니다. 하지만 오판과 오해가 평범한 사람의 일상사이고 보면 그 또한 결코 쉬운 일이 아닙니다. 사람들의 눈이 지도자의 판단과 결단에 온통 쏠리게 되는 것도 그런 연유에서입니다. 지도자의 부담이란 바로 그런 부분일 것이고 고독을 느끼는 이유도 바로 거기에 있을 것입니다. 그렇게 보면 지도자의 판단이란 거의 도박에 가까운 게 아닌가 하는 생각도 듭니다. 맞으면 위인이 되고 틀리면 원수가 됩니다. 실제 역사는 그런 모습으로 되어 왔습니다.

느헤미야는 이런 여러 의문에 해답을 줍니다. 한 사람을 심층 탐구하면 거기엔 사안별 문제뿐 아니라 인생 전체를 관통하는 답을 찾을 수도 있습니다.

인생을 살다 보면 문젯거리가 생깁니다. 즉시 기도에 들어가야 합니다. 거기에 대한 그림이 그려질 때까지 계속입니다. 확신이 들 때까지 행동을 참아야 합니다. 성령이 개입하시고 믿음을 주십니다. 그와 함께 주님의 안내도案內圖가 확연히 내 마음에 그려집니다. 그때 일어나서 시작하면 됩니다. 물론 일마다 완결되는 시간은 다릅니다. 거기에 신경 쓸 필요가 없는 이유는, 그것이 하나님의 시간대에 속하기 때문입니다. 하나님이 이루실 것이므로 언제냐 하는 것은 그분의 일정에 따를 일입니다.

느헤미야만큼 그 과정을 충실히 지킨 사람도 드뭅니다. 그래서 느헤미야를 통해 배우는 리더십은 남다릅니다. 지도력은 이끄는 힘이 아니라 순종하는 힘입니다. 그래서 지도력이란 사람들을 얼마나 통제하느냐 하는 통솔력이라기보다는 얼마나 오랫동안 순종을 유지해 나가느냐 하는 지구력의 성격에 가깝습니다. 느헤미야에게는 사건마다 앞뒤에 기도가 주렁주렁 달려 있습니다. 솔선수범으로 희생했으며, 빈번히 몸으로 때우는 야성은 습관이 되어 있습니다. 그러므로 그는 일을 다 마쳐 놓고도 차원이 다른 결론을 내립니다.

"하나님께서 이 역사를 이루신 것을 알고 있다"(16절)는 것입니다. 한 번쯤 제 자랑을 할 만도 한데 그런 엄청난 일을 해놓고도 자신은 쏙 빠집니다.

우리는 시간을 조절할 수 없습니다. 하지만 우리 하나님은 시간을 줄이실 수도 늘이실 수도 있습니다. 토목공학자들의 얘기를 빌면, 각종 첨단 중장비와 인원이 동원된다 해도 예루살렘 성의 공사 기간은 반년이라도 충분치 않다고 합니다. 그런데 고대에 그 열악한 조건에서도 유다 백성들은 그 일을 해냈습니다. 그렇다면 과연 그들이 한 일일까요? 그게 아니라 느헤미야의 고백처럼 바로 하나님이 하신 일이었습니다. 느헤미야의 삶을 그대로 따라하면 우리도 짧은 기간에 우리의 성을 우뚝 쌓아 올릴 수 있지 않겠습니까?

예루살렘 성의 완공을 보고 모든 대적과 이방 족속들이 두려워하고 낙담한 것은 당연한 일이었습니다. 다시금 유다가 하나님의 백성인 것을 확인한 까닭이었습니다. 출애굽부터 가나안까지의 사건을 알고 있는 고대 근동 사람에겐 잊었던 신 여호와가 갑자기 자기들 앞에 광풍과 우뢰를 몰고 온 듯했던 것입니다. 대역사를 이루고 모든 영광을 하나님께 돌린 느헤미야와 유다 백성들의 뿌듯함이 우리에게도 왔으면 좋겠습니다.

느헤미야를 생각하면 언제나 기도하는 모습이 그려집니다. 순간마다 "기도! 기도! 기도!" 외치며 기도할 자리를 찾지 않았을까요? 오늘도 결론은 기도이고 그 기도가 습관이 된다면 우리에게도 느헤미야에게 있었던 일은 분명히 일어날 것입니다.

우리의 성은 짧은 시간에도 충분히 쌓아 올릴 수 있습니다.

4부

비전을 이루는 지도자

하나님에 대한 사랑을 느끼고 그분 자체로 기뻐지고
그래서 그 하나님께 영광 돌리는 뚜렷한 목적을 가진 이들에겐
언제나 이루고픈 일들이 넘쳐나게 된다는 것입니다.

24

인재란
특히 하나님을 경외하는 사람이다

성벽이 건축되매 문짝을 달고 문지기와 노래하는 자들과 레위 사람들을 세운 후에 내 아우 하나니와 영문의 관원 하나냐가 함께 예루살렘을 다스리게 하였는데 하나냐는 충성스러운 사람이요 하나님을 경외함이 무리 중에서 뛰어난자라_7:1-2.

학벌과 성장 배경, 재능 등은 더 이상 요즘 기업이 요구하는 인재의 조건이 아닙니다. 비전과 창의력, 소통의 문제를 평가해 사람을 뽑는 추세입니다. 급변하는 시대에 유연하게 대처하기 위해서는 기준 삼는 잣대부터 달라질 수밖에 없습니다. 사람이 중요한 것은 기업이나 교회 공동체나 다를 게 전혀 없습니다. 하지만 교회 공동체에 쓰임 받는 사람은 예나 지금이나 변한 게 없습니다. 하나님의 일꾼이 되는 데에는 '하나님 경외'가 유일한 조건이 됩니다. 즉 하나님을 사랑하고 두려워하는 마음 외에는 다 부수적인 것이고, 그것은 그런 기본기만 확실하게 갖추면 나머지는 다 하나님이 공급하신다는 얘기도 됩니다.

어렵고도 힘든 성벽 공사가 끝났습니다. 하지만 정작 시작은 지금부터입니다. 황폐한 곳에 성 하나만을 둘렀을 뿐입니다. 그곳이 도시로서의 위용을 갖추기 위해서는 필요한 것이 한둘이 아닙니다. 각종 인프라가 구축되어야 하는데 가장 중요한 것은 뭐니뭐니 해도 그 모두를 실제 움직이는 '사람'일 것입니다. 소프트웨어란 운용하는 프로그래머에 따라 하늘과 땅 차이가 납니다. 느헤미야와 유다 백성이 맞이한 지금 시점이 꼭 그렇습니다. 따라서 성이 완성된 지금 느헤미야의 선결 과제는 사람을 세우는 일입니다. 이번에도 느헤미야는 순서를 잊지 않았습니다.

지도자란 어느 정도 혜안이 있는 자들 중에 선발됩니다. 따라서 총론에 대해서는 그다지 차이가 나지 않습니다. 차이가 나는 것은 각론에 들어가서입니다. 가장 먼저 사람을 뽑는다는 데는 이견이 있을 수 없지만 어느 부서 사람을 최초로 선발하느냐 하는 것은 향후 그 지도자를 가늠하는 결정적 요소가 됩니다. 그것은 그 지도자가 가장 중요하게 생각하는 게 무언지, 향후 그 공동체가 어디를 향할지도 알 수 있게 됩니다.

느헤미야는 이스라엘이 예배 공동체임을 잊지 않았습니다. 가장 먼저 예배에 관련된 사람들을 뽑습니다. "문지기와 노래하는 자들과 레위 사람들"은 모두 성전 일에 관계된 사람들입니다. 실로 예배란 최초의 일이고 마지막 일이기도 합니다. 하나님이 가장 기뻐하시는 것이 예배입니다. 아무리 많이 먹어도 질리지 않는 음식이 있듯이 하나님 편에서 진정한 제사를 받는 것은 아무리 많아도 좋으실 것입니다. 그 예배에 가장 먼저 관심을 두었다는 점이 느헤미야가 어떤 사람인지를 보여 줍니다. 하나님이 기뻐하셨을 것임은 두말할 나위가 없습니다.

우리 삶의 중심은 언제 어디서든 예배입니다. 끼니때가 되면 밥을 먹듯 예배 또한 그렇게 자연스런 생활이 되어야 합니다. 진정한 에너지는 오직 예배를 통해서 나옵니다. 하나님이 기뻐하시는 일에는 반드시 선물도 따릅니다. 찬송과 기도와 말씀이 바로 우리 영혼을 살리고 윤택하게 합니다. 그것보다 우리 생애에 더 좋은 선물은 없습니다. 그러므로 예배를 생략한 뒤 다른 곳에서 공급받는 힘이란 미약하기 그지없습니다. 예배는 그렇게 우리를 가장 우리답게 하는 최고 최선의 모습입니다. 우리가 살아 있다는 증거는 다른 것이 아니라 예배를 통해서만 확인되어야 합니다. 그러므로 예배란 수단이 아니라 그 자체가 목적입니다.

그렇게 예배를 위한 자를 뽑은 뒤, 느헤미야는 자기 뒤를 이을 정치 지도자들을 뽑습니다. 하나니와 하나냐 두 사람이었는데 먼저 하나니는 느헤미야의 아우로만 기록되어 있을 뿐 다른 설명이 없습니다. 느헤미야는 그렇게 아우를 소개함으로서 더 깊은 인상을 주려는 듯싶습니다. "따로 내 동생을 설명할 게 뭐 필요가 있냐, 내 동생이야 내 동생! 나를 보면 내 동생이 어떨지 짐작 가지 않아?" 하는 자부심일 것입니다. 우리도 다른 이들이 나를 보면 내 주변 사람이 어떨지를 짐작하게 해야 합니다. '유유상종'은 그렇게 믿음의 사람들 가운데도 유효해야 합니다.

하나냐라는 사람에 대해서는 "충성스러운 사람이요 하나님을 경외함이 무리 중에서 뛰어난 자"라고 소개하고 있습니다. 느헤미야의 인사人事는 현대 사회에 행해지는 여러 인사들을 무색케 합니다. 인사란 환경과 정황과 능력이 고루 고려되어야만 합니다. 지금 유다 사람들은 귀환한 자들과 남아 있던 자들, 부자와 가난한 자, 성 안 사람들과 성 밖 사람들, 그리고 노인과

젊은이 등 각종 평범치 않은 사람들의 집합체로 이루어져 있습니다. 한마디로 세상 그 어느 곳보다 드센 사람들이 한데 모여 있는 모습이라는 것입니다. 그런 집단의 지도자는 강하고 힘 있고 능력 있고 두뇌 회전이 빠른 사람이어야 할 것입니다. 그뿐 아니라 노역으로 다들 지쳐 있는 상황이므로 백성의 마음을 어루만져 줄 수 있기도 해야 할 것입니다. 어차피 느헤미야는 떠날 사람입니다. 그 뒤를 이을 지도자는 강온強溫을 겸비한 구석이 있어야 따를 것입니다. 그런데 느헤미야는 이런 모든 것들을 뒤로 한 채 단지 충성스럽고 하나님을 경외하는 데 뛰어난 사람을 선택한 것입니다.

이로써 느헤미야는 하나님께 쓰임 받는 사람의 기준을 확실히 밝혀 줍니다. 인재란 다른 모습이 아니요, 충성스럽고 하나님을 경외하는 사람이라는 것입니다. 하나님을 사랑하고 또 두려워하며 동시에 그 마음을 적극 표현하며 사는 사람입니다. 이외의 다른 필요한 지도자의 소양은 여기에 다 포함되어 있다는 뜻이기도 합니다.

느헤미야의 이 인사는 시사하는 바가 큽니다. 하나님의 인재가 되길 원한다면 다른 것 필요 없이 하나님을 경외하는 마음이면 족하다는 것입니다. 그게 바탕이 되면 그 외의 지도자 덕목들은 주시는 대로 그 위에 차곡차곡 쌓일 것이라는 자신감이기도 합니다.

오늘 느헤미야의 인사를 생각하면 예배, 충성, 경외 등의 단어들이 떠오릅니다. 그 빙산의 일각 아래 담겨 있는 내용을 기억한다면 우리는 그것만으로도 풍성해질 것입니다.

하나님의 인재가 되어야 합니다. 예배를 최고로 알고, 하나님을 사랑함과 동시에 두려워하고, 그것을 표현할 줄 알아야 합니다.

인재란 그렇게 하나님을 경외하는 사람입니다.

25
꿈이 커야
하나님을 인정하는 것이다

내가 그들에게 이르기를 해가 높이 뜨기 전에는 예루살렘 성문을 열지 말고 아직 파수할 때에 곧 문을 닫고 빗장을 지르며 또 예루살렘 주민이 각각 자기가 지키는 곳에서 파수하되 자기 집 맞은편을 지키게 하라 하였노니 그 성읍은 광대하고 그 주민은 적으며 가옥은 미처 건축하지 못하였음이니라_7:3-4.

18세기 영국은 광기와 혼돈의 시간이었습니다. 영국 전체가 무슨 일을 당할지 모르는 총체적인 부패에 빠져 있었습니다. 극장마다 음란물이 판쳤고, 사회 전체가 도박장이었습니다. 음주의 폐해는 전쟁보다도 심했습니다. 이때 복음의 깃발을 높이 들고 나온 사람이 존 웨슬리였습니다. 목사로서 홀리 클럽(영국의 존 웨슬리와 동생 찰스 웨슬리가 설립한 성경 연구 단체. 규칙적으로 모여 성서와 고전을 연구했고, 수감자나 가난한 사람들을 위해 예배하고 봉사 활동을 했다. 철저히 계획하고 준비하여 일했기에 메소디스트라는 별명이 붙었으며, 감리교의 모체가 되었다—지은이)을 결성하여 가난한 자들을 구제하며 교도소와 양로원을 다니면서 예배를 드리는 일들을 필두로 왕성한 전도 여행과 설교, 집필 등을 통해서 짓눌린 영국 사람들의 마음을 치유했습니다. 나중엔 미국까지 건너가서 전도 여행을 했는데 그가 한 번 지나간 마을은 250년이 지난 지금까지도 술집이 생기지 않은 곳이 많습니다. 그는 "세계는 나의 교구다"라는 비전을 가지고 사역을 시작했고, 결국 그 원대한 꿈은 영국과 미국뿐 아니라 그가 시작한 감리교를 통해 전 세계에서 이루어졌습니다. 하나님이 누구이신 줄 안다면 우리의 꿈은 아무리 크다 해도 큰 것이 아닙니다. 그래서 꿈은 클수록 하나님을 인정하는 게 됩니다.

　성벽 공사를 완성하고 지도자들을 세운 느헤미야는 이제 그 성읍을 어떻게 지킬 것인지에 대해서도 구체적으로 지시하고 있습니다. 성문은 매일 일찍 닫아 다음 날 늦게까지 열지 말도록 했고 주요 초소는 순번대로 돌아가면서 경비하고 자기 집 앞은 성벽을 쌓을 때처럼 자신들 스스로 지키도록 했습니다. 이런 모습은 어찌 보면 큰일을 이뤄 놓고도 거기에 걸맞지 않은 궁색한 일상을 권하는 것 같습니다. 하지만 현실은 "그 성읍은 광대하고 그 주민은 적으며 가옥은 미처 건축하지 못한"(4절) 상황입니다. 이런 것을 볼 때 느헤미야의 조치는 적절해 보입니다. 어쩌면 이런 모습을 두고 백성들이나 이방 사람들은 입방아를 쪘을지도 모르겠습니다.

"아니! 이런 허허벌판 황무한 땅에 성을 이렇게 크게 쌓을게 뭐람! 차라리 규모에 맞도록 아담하게 쌓았으면 힘도 덜 들었을 것 아냐! 성을 파수하기는 또 얼마나 힘들고······." 사람들을 보면 꿈이란 자신에게 알맞고 규모 있게 가져서 그것을 소담하게 이루는 모습이 복된 것이라는 생각들을 하는 것을 많이 봅니다. 그러나 그것은 처음부터 끝까지 잘못됐습니다. 어차피 아무것도 없는 데서 시작하기는 누구나 마찬가지고 또 나를 위해서가 아니라 하나님과 이웃을 위한 것이라면 크게 벌이지 않을 이유가 없습니다. 또 도중에 잘못되더라도 거기까지 온 것만큼 유익하고 아울러 그런 실패는 다른 이들의 시행착오를 줄여 주는 사례가 됨으로써 가치가 있습니다. 꿈에 대한 실제 수행 능력이나 조건들을 생각해야겠지만 그런 것조차 미리 걱정할 게 아닙니다.

무엇보다 기도할 수 있고 주님께 영감 받을 수 있다는 것을 생각하면 우리는 너무 도사리는 게 아닌가 싶은 것입니다. 실패는 당연한 과정이요 경험을 쌓고 더 좋은 결론을 끌어내기 위한 학습으로 생각하면 될 일입니다. 꿈을 이루는 데 실패란 상대 못할 원수가 아니라 다정한 친구 같은 것입니다.

느헤미야가 실정에 맞지 않게 크게 성을 쌓아 예루살렘을 넓게 두른 것은 괜한 짓이 아니었습니다. 그는 수산 궁에 있을 때부터 마음속에 완성된 예루살렘 성이 있었고 거기에는 이미 자자손손 만대를 이어 갈 사람들로 빽빽하게 차 있었던 것입니다. 실제로 신약 시대에 들어와서 유월절 같은 명절에 예루살렘에 모여 든 사람은 수십만 명이었습니다. 그것을 보면 느헤미야에게 미래의 이스라엘은 환상이 아니라 실상이었던 것입니다. 그것은 자기보다 앞선 선지자들의 예언이 아니더라도 하나님이 자신에게 주신 커다란 비전이었고, 성벽 수축은 바로 그것을 향해 몸과 영혼을 던진 첫 걸음이자 용감한 도전이었던 것입니다.

너무나 많은 크고 좋은 계획들이 도전도 해보기 전에 마음속에서 이미 엎어져 버리고 맙니다. 계획에 방해되는 것들을 스스로 구축하고, 그것을 파괴시키기는커녕 더 완강하게 지키고 있기 때문입니다. 그 방해되는 성들이 겨우 무너질 때면 처음 우리가 세운 좋은 계획까지도 함께 무너져 내립니다. 이런 악순환이 우리 속에서 반복되고 있음을 우리는 보아야 합니다.

우리가 기도할 때마다 찬송하는 주님의 이름을 상기하고 새겨야 합니다.

"창조주 하나님, 전능하신 하나님, 능력의 하나님, 보호하시는 하나님, 나와 함께하시는 하나님, 새롭게 하시는 하나님……"

왜 이런 이름들을 부르기만 하고 믿지는 못하는 것일까요? 믿으면 되는 것인데, 믿음이란 결코 생겨서 믿는 게 아니라 믿으면 생기는 것입니다. 오늘도 우리의 기도 제목은 다른 게 아니라 큰 꿈을 갖고 그 꿈을 이룰 수 있는 능력이 우리 속에 있음을 믿게 해달라는 것이어야 합니다.

우리가 꾸는 꿈이란 다음과 같은 조건에 합당하면 반드시 이루어집니다.

하나님이 기뻐하시는 일인가?

이웃을 위해 유익한 일인가?

내가 좋아하는 일인가?

여기에 대해 "예!"라고 대답할 수 있다면 지금 바로 시작하십시오! 기도로 시작하고 기도로 시행하며 기도로 끝낼 수 있다면 이루어지지 않는 게 기적입니다. 우리에겐 여전히 큰 꿈이 필요합니다. 큰 꿈을 꾸는 것은 하나님의 기쁨입니다. 그것은 우리에게 복이 되고 하나님께는 당신을 인정하는 것이 됩니다. 그러므로 우리의 꿈을 축소하고 지워 버리는 것은 하나님께는 불경不敬입니다. 또한 그 꿈의 열매가 줄 유익을 미리 차단하는 것이므로 이웃에게도 폐를 끼치는 일입니다. 우리에게 얼마나 손해인지는 말할 필요조차도 없습니다.

큰 꿈을 갖고 그것을 위해 지금 도전하십시오!

자녀들의 꿈도 결코 무시하거나 축소시켜서는 안 됩니다.

꿈이 커야 하나님을 인정하는 것입니다.

26
열망하면 하나님이 이루신다

내 하나님이 내 마음을 감동하사 귀족들과 민장들과 백성을 모아 그 계보대로 등록하게 하시므로 내가 처음으로 돌아온 자의 계보를 얻었는데 거기에 기록된 것을 보면……이와 같이 제사장들과 레위 사람들과 문지기들과 노래하는 자들과 백성 몇 명과 느디님 사람들과 온 이스라엘 자손이 다 자기들의 성읍에 거주하였느니라_7: 5-73.

큰 병은 어떤 종류이든 간에 잠복기가 있습니다. 어느 날 갑자기 증상이 나타나는 게 아니라는 것입니다. 그래서 아무렇지 않게 보이는 때가 더 치명적입니다. 일단 발병하면 손을 쓸 수 있지만, 숨어 있는 시간은 건강해 보이고 별 문제가 없어 보입니다. 나중에야 그때가 더 위험하며 방치해서는 안 될 시간이었음을 깨닫게 됩니다. 우리 삶에도 위기는 그래도 괜찮은 때입니다. 정말 위험한 때는 되는 일도 없고 안 되는 일도 없는 '무난한 때'입니다. 하나님께 제각기 인생을 부여받았을 때는 각자 꼭 이뤄야 될 사명이 있는데 대부분은 그게 뭔지도 모를 뿐더러 알려고 하지도 않습니다. 위기가 닥쳐서야 비로소 그 실체에 대해 눈뜨게 됩니다. 그러므로 제대로 사는 삶이란 매 순간 어떤 열망으로 차 있어야 합니다. 그렇지 않은 시간들은 잠복기처럼 살아 있지만 병만 키울 뿐 실상은 죽이는 시간들인 것입니다. 따라서 지금 이루고 싶은 것도 없고 인생의 큰 문제도 없다면 적신호입니다. 속히 사명을 찾아 그것을 이루기 위해 나서서 열정을 불태워야 합니다. 그렇게 뭔가를 열망하면 거기엔 반드시 하나님이 손을 뻗쳐 개입하십니다.

느헤미야의 열망이 새 역사를 이루었습니다. 지금 그의 눈앞엔 한참 후의 일로 생각했던 환상이 현실이 되어 나타났습니다. 어느 골목에서든 뛰어노는 아이들과 얘기하는 노인들로 가득 차 있기를 바랐던 바람이 바로 지금 실제 눈앞에 나타난 것입니다

다. 황폐하고 텅 빈 예루살렘의 성읍 안에 5만에 가까운 사람들이 살기 시작한 것입니다. 어떻게 이런 일이 일어났을까요?

느헤미야에게 예루살렘은 "그들을 모아 내 이름을 두려고 택한 곳"(신 30:4), 즉 하나님께서 당신의 뜻을 이루기 위해 예비하신 거룩한 땅이었습니다. 회복되어야 했고 융성해야 했습니다. 그래서 페르시아에서 돌아왔고 무너졌던 성벽을 다시 쌓아 올린 것입니다. 문제는 그다음에 생겼습니다. 외관으로는 그럴 듯했지만 막상 성읍은 성벽만 둘러쳐져 있을 뿐 사람이 별로 살지 않는 유령도시가 된 것입니다. 이건 아니다 싶은 느헤미야가 한 일이 무엇이었겠습니까? 간절히 기도하자 하나님은 그에게 한 가지 놀라운 감동을 주셨습니다.

인구 조사를 통해 자신이 돌아오기 전 미리 귀환해 있던 사람들의 명단을 입수하고 그들을 설득한 것입니다. 그래서 먼저는 열두 지파의 족장들과 제사장과 레위인들과 노래하는 이들 등등이 예루살렘으로 들어와 살 것을 결단했고 그들의 용단에 수많은 백성들이 따라올 힘을 얻은 것입니다. 예루살렘은 언제나 마음의 고향이었지만 그동안은 성벽이 없어 피폐했고 황무했으므로 살 수 없었습니다. 하지만 이제는 모든 게 회복됐습니다. 고향으로 돌아오는 것은 당연한 절차였던 것입니다. 성벽 공사에 투입된 명단과 함께 7장 전체를 채운 이 예루살렘 거주자들의 명단은 느헤미야에겐 영원한 추억의 동지들이 될 터였습니다.

이들이 둥지 틀고 살게 된 예루살렘은 우리의 천국의 모형이기도 합니다. 거룩한 성 새 예루살렘은 각종 보석과 황금과 수정과 진주와 옥석으로 꾸며진 아름다운 곳입니다. 하나님과 어린 양이 친히 이 성의 성전이 되시고 어둠을 밝히십니다. 이 성에는 어린 양의 생명책에 기록된 자들만 들어갈 수 있습니다. 느헤미야와 백성들은 후에 요한 사도가 그랬던 이런 천국을 미리 봤던 게 아닐까요? 그래서 그 명단에 자기도 포함되기를 열망해서 예루살렘을 향했던 게 아닐까요? 이렇게 해서 5만에 가까운 백성들이 예루살렘의 주민이 되었고 이제 이들로부터 하나님의 역사는 새롭게 기록될 참이었습니다.

우리 인생이 하나님을 기뻐하고 그를 영원히 찬양하는 게 목적이라면 우리는 그 길목에 계속 작은 목표를 세워 두어야 합니다. 언제든 목적이 뚜렷하면 목표는 열망으로 찰 수밖에 없을 것입니다. 하나님에 대한 사랑을 느끼고 그분 자체로 기뻐지고 그래서 그 하나님께 영광 돌리는 뚜렷한 목적을 가진 이들에겐 언제나 이루고픈 일들이 넘쳐나게 된다는 것입니다.

느헤미야의 행적은 바로 그런 궤도를 따라온 것이었습니다. 하나님의 사랑과 그의 섭리를 깊이 체험하고 알게 되니 매순간 이루고 싶은 일들로 넘쳐났던 것입니다. 자기를 위해서가 아니라 하나님을 위해서였습니다. 그런 그의 마음을 아시자 하나님은 직접 나서서 이 모든 일을 성취하신 것입니다. 바로 느헤미야가 그 일을 이루신 하나님의 손이 되었던 것입니다.

그를 떠올리면 설득할 때나 독려할 때나 권유할 때나 기도할 때나 늘 간곡하면서도 열정적인 얼굴로 나타납니다. 우리도 그런 모습이었으면 좋겠습니다.

매순간 뭔가를 이루고 싶은 열망으로 가득 차 있지 않다면 그것은 잘못 살고 있는 것입니다. 살아 있지만 서서히 병들어 가고 있다는 증거입니다. 기도가 약입니다. 기도하면 환상이 보입니다. 환상은 자꾸 보면 현실로 바뀝니다. 성령께서 그 길을 보여 주십니다. 그러면 바로 내가 하나님 손에 잡힌 연필이 돼서 직접 이루고 싶어집니다. 그러므로 우리 삶은 어떤 환경과 처지에 놓이더라도 열망과 또 열망으로 계속 수놓아져 가야 합니다. 열망은 흠뻑 빠져 거기에 매진하는 것입니다. 하고 있는 일에 미치는 것입니다. 그런 치열함 없이는 아무것도 이룰 수 없습니다. 그래서 열망 없는 삶은 지루하고 권태로울 수밖에 없습니다. 하나님이 주신 사명을 발견하고 그것을 이루기 위해 열정적으로 뛰어들어야 합니다. 그래야 인생은 재미있고 살맛 나는 것입니다. 그 모습은 하나님과 이웃과 나 모두를 웃게 만듭니다. 하나님 때문에 우리가 간절해지면 그 일은 이미 성공입니다. 열망이 있느냐 없느냐가 우리 인생 최대의 문제입니다.

열망하면 그 일은 하나님이 이루십니다.

27
자원하면 은혜는 백 배 천 배로 넘친다

……에스라가 모든 백성 위에 서서 그들 목전에 책을 펴니 책을 펼 때에 모든 백성이 일어서니라 에스라가 위대하신 하나님 여호와를 송축하매 모든 백성이 손을 들고 아멘 아멘 하고 응답하고 몸을 굽혀 얼굴을 땅에 대고 여호와께 경배하니라 예수아와 바니와 세레뱌와 야민과 악굽과 사브대와 호디야와 마아세야와 그리다와 아사랴와 요사밧과 하난과 블라야와 레위 사람들은 백성이 제자리에 서 있는 동안 그들에게 율법을 깨닫게 하였는데 하나님의 율법책을 낭독하고 그 뜻을 해석하여 백성에게 그 낭독하는 것을 다 깨닫게 하니 백성이 율법의 말씀을 듣고 다 우는지라 총독 느헤미야와 제사장 겸 학사 에스라와 백성을 가르치는 레위 사람들이 모든 백성에게 이르기를 오늘은 너희 하나님 여호와의 성일이니 슬퍼하지 말며 울지 말라 하고_8:1-9.

인간은 죄의 본성 때문인지 타인을 위한 일에 능동적이지 못합니다. 우리가 사람들에게 가장 많이 실망하는 경우도 '알아서 해주겠지' 생각했다가 빗나갈 때입니다. 한두 번 겪었으면 알 만한데도 우리는 여전히 그 기대를 저버리지 못합니다. 단언하건데 사람들이 우리의 기대에 부응하는 경우는 열에 하나도 많습니다. 물론 '나 자신'도 똑같이 그 범주에 들어 있습니다. 결국 조금 기다려 보다가 요청하는 것이 속 편합니다. 이런 것은 주님과 우리 사이에도 똑같이 적용됩니다. 하나님은 늘 속으시면서도 우리의 자원自願을 기다리십니다. 그런데 우리는 끝까지 미루다가 막판에 가서야 뭔가에 밀려 할 수 없이 합니다. 그래서 가물에 콩 나듯이 우리 스스로 알아서 뭔가를 하는 경우 거기엔 엄청난 은혜를 부으십니다. 오늘 성을 완공한 후 예루살렘으로 들어와 살던 이스라엘 백성들에게 그런 일이 일어났습니다.

영원한 마음의 고향 예루살렘에 정착해서 살게 된 백성들이 어느 정도 안정이 됐을 때 마침 그들은 새 달을 맞이합니다. 그리고 누가 주도한 것도 아닌데 백성들 전체가 수문 앞 광장에 모여들어 제사장 겸 학사인 에스라 선지자에게 모세의 율법을 읽어 달라고 요청합니다. 그 자리에는 아이, 어른, 남자, 여자 할 것 없이 '알아들을 만한' 사람이면 다 모여 있었습니다. 그동안 백성들 앞에 모습을 보이지 않았던 에스라 선지자에게 이것은 경이로운 일이었을 것입니다. 말씀과 제사를 우습게 알고 제멋대로 살다가 망했던 백성들이 이렇게 변한 모습은 정말 모처럼 보는 광경이었기 때문입니다.

말씀을 읽기 전 백성들이 보여 준 의전儀典은 영화의 한 장면처럼 장엄합니다. 장정 몇이 지고 왔을 모세의 두루마리 성경이 도착하자 그들은 모두 숨을 죽이고 있었습니다. 얼마 만에 보는 하나님의 말씀인지, 얼마 만에 듣는 율법인지. 그중엔 구전으로만 들었던 주의 말씀을 직접 대하는 어린 세대들도 많았습니다. 남녀노소 모두 이미 감격의 도가니에 빠져 있었습니다. 드디어 에스라 선지자가 책을 펴자 모두들 말씀 앞에 일어섰고 에스라 선지자가 하나님을 찬양하자 모든 백성이 손을 들고 아멘으로 화답하고 절하며 함께 경배드렸습니다. 말씀이 선포되기 시작했습니다. 모두가 아침부터 정오까지 대여섯 시간을 꼬박 서서 말씀을 들었습니다. 선지자들과 학사들이 어려운 말씀을 알기 쉽게 풀어 주고 백성들은 그 모든 말씀을 쭉쭉 빨아들였습니다. 듣고 보고 깨닫자 백성들의 눈에서는 한없이 눈물이 쏟아졌습니다. 그것은 말씀을 다시 듣는 감격뿐 아니라 반대로 왜 우리가 그동안 말씀을 멀리하고 제멋대로 살았나 하는 회한의 눈물이기도 했던 것입니다.

그러나 어쨌든 그날의 말씀 선포는 아름다운 시작과 더불어 억눌렸던 마음이 한없이 정화된 행복한 시간이었고, 바로 그날 일은 이스라엘 역사의 뜻 깊은 분수령이 되었습니다. 아마도 백성들 모두 이제 더는 자신들의 배신으로 하나님을 떠나 이방에 멸망당하는 일은 결코 없을 것임을 재차 삼차 결단하는 시간이었을 것입니다.

이 광경을 한 발 물러서서 누구보다 더 감격으로 바라본 사람은 느헤미야 선지자였을 것입니다. 바로 이 순간을 위해 그는 왔고 성을 쌓았고 백성들을 이주시켰습니다. 그리고 이제 자기의 역할은 웬만큼 끝났다고 여겼을 것입니다.

지도자의 가장 큰 역할은 자발적인 힘을 끌어내는 일입니다. 시켜서 하는 일이란 언제나 뒤끝이 있고 오래가지도 못합니다. 아울러 눈으로 보이는 일들은 진행을 볼 수 있고 목표가 있으므로 보람과 성취를 기대하면서 나아갈 수도 있습니다. 하지만 가장 중요한 마음의 영역은 아무리 훌륭한 지도자라도 손대기 쉽지 않습니다. 느헤미야의 고민이 거기에 있었을 것입니다. 보이는 성은 완공됐고 일상의 삶은 자리를 잡았지만 보이지 않는, 인생의 핵심인 영혼의 성은 아직 쌓지 못하고 있었습니다. 이에 대해 그의 마음은 그 누구보다 애달팠을 것입니다. 그의 진정한 목표란 바로 거기까지인데 쉽게 어찌해 볼 수 있는 일이 아니었던 것입니다. 이런 갈등 가운데 그는 분명히 또 이 문제를 하나님께 넘겼을 것이고 다만 평소처럼 기도했을 것입니다.

그동안 백성들에게 각인된 지도자 느헤미야는 솔선수범과

희생의 전형으로 보였을 게 틀림없습니다. 어느 순간 백성들은 그를 다만 총독으로서가 아니라 하나님의 사람, 기도하는 사람으로 깊이 존경하게 됐을 것입니다. 그에게서 하나님의 모습을 발견하게 됐을 것이고 어쩌면 그를 기쁘게 하는 일이 하나님을 기쁘시게 하는 일이라고도 생각했을 것입니다. 어떤 프로 축구 선수는 자기를 인정해 주는 감독을 위해 사력 다해 뛴다고 말했습니다. 이스라엘 백성들 역시 자기들이 뭘 해야 총독이 기뻐할까를 생각했을지도 모릅니다. 그리고 바로 그 일은 하나님 말씀을 듣고 그분의 뜻으로 돌아가는 일이라고 생각했을 것입니다. 에스라 선지자를 찾고 말씀을 원했던 것도 바로 그 때문이었을 것입니다. 그런 이유가 아니라면 그렇게 강팍하고 드센 이스라엘 백성이 말씀을 자원해서 찾을 근거가 그 어디에도 없습니다. 느헤미야의 기도 응답이라는 것 외에는 이들의 자원을 설명할 길이 없다는 것입니다.

자원하는 자리는 그 어디라도 은혜가 넘칩니다. 오늘 이스라엘 백성들이 자원해서 들은 하나님의 말씀은 그래서 눈물의 홍수를 이뤘던 것입니다. 얼마나 대단했는지 총독과 선지자와 레위인들 모두가 나서서 제발 그만 울라고 만류했을 정도입니다. 은혜는 그렇게 넘쳤습니다. 스스로 원했던 자리였기에 그런 일이 생긴 것입니다.

'말씀'의 자리는 언제 어디서나 은혜의 용광로입니다. 그분의 온몸으로 표현하는 사랑이기에 파도 같은 감격과 해일 같은 은혜가 있습니다. 사실 말씀은 자원自願 어쩌고 할 요소도 아닙니다. 그 자체가 특권인데 알아서 누리지 않는 사람이 바보인 것입니다. 특권을 의무로 바꾸는 것은 어리석은 것입니다.

말씀이 있는 곳엔 기적이 일어납니다. 말씀을 사랑하는 공동체는 결코 잘못되지 않습니다. 아울러 진정한 부흥이란 개인이든 공동체든 말씀 위에서, 말씀과 함께, 말씀으로 인해 성취되어야 합니다. 그런 부흥이 아니라면 그 모든 것은 사상누각일 뿐입니다.

오늘도 자원하는 자리로 나아가십시오! 특히 말씀을 사랑하여 자원하는 자리로 나아가십시오! 무슨 일이든 자원하면 거기엔 백 배 천 배의 은혜가 있습니다. 그 생명은 길고 열매는 감당 못할 만큼 큽니다.

자원하는 자리로 나아가면 은혜는 백 배 천 배로 넘칩니다.

28
하나님을 기뻐하는 것이 힘이다

느헤미야가 또 그들에게 이르기를 너희는 가서 살진 것을 먹고 단 것을 마시되 준비하지 못한 자에게는 나누어 주라 이 날은 우리 주의 성일이니 근심하지 말라 여호와로 인하여 기뻐하는 것이 너희의 힘이니라 하고 레위 사람들도 모든 백성을 정숙하게 하여 이르기를 오늘은 성일이니 마땅히 조용하고 근심하지 말라 하니 모든 백성이 곧 가서 먹고 마시며 나누어주고 크게 즐거워하니 이는 그들이 그 읽어 들려 준 말을 밝히 앎이라_8:10-12.

느헤미야는 생각할수록 대단한 지도자라는 생각이 듭니다. 어느 공동체든 그 수준이란 지도자 수준에 정확하게 비례합니다. 아무리 올라간다 해도 그 지도자의 비전과 능력만큼만 성장한다는 얘기입니다. 지도자가 끊임없이 자기 계발에 힘써야 되는 이유도 여기에 있습니다. 그런데 느헤미야는 어느새 이스라엘 백성의 수준을 자기만큼 올려놓고 있습니다. 백성들에게 보여 주고 싶은 모습이 절정까지 온 듯합니다. 그가 백성들에게 보여 주고 싶었던 리더십의 총체는 바로 오늘 백성들에게 던진 이 말 한 마디에 다 들어 있습니다. "여호와로 인하여 기뻐하는 것이 너희의 힘이니라."

대체로 사람들은 힘의 근원이 소유에 있다고 생각합니다. 물론 그 사실을 드러내 놓고 말하지는 않습니다. 하지만 그들의 살아가는 모습이나 행동을 보면 소유가 절대 힘이라는 것을 증명하고도 남음이 있습니다. 그 소유도 여러 종류여서 물질, 명예, 학벌, 권력 등등 다양합니다. 의외로 정신적 소산은 그런 힘의 종류에서 제외되는 것을 봅니다. 신앙이라든가 가치관이라든가 하는 것들은 소유하려 들려 하지도 않고 그것을 권하지도 않습니다. 힘이 되지 않는다고 생각해서입니다. 그러나 조금 생각해 보면 다른 소유들은 환경의 변화에 따라서 언제든지 사라질 수 있지만 정신적 소산들은 그렇지 않습니다. 어떤 처지에서도 자신을 지켜 줄 수 있는 진정한 힘이 되는 것입니다.

느헤미야가 자신의 삶을 통해 백성들에게 그리고 우리에게 웅변적으로 보여 주는 것이 바로 그 점입니다. 진정한 힘이란 사랑하고 기뻐하는 데 있다는 것입니다.

백성들 생각엔 처음 예루살렘 성을 쌓자고 제의했을 때만 해도 출세한 인사의 애국심 정도로 생각했을 것이고 조금 더 낫게 봐 줘도 동포애 정도로 그쳤을 것입니다. 그러나 그는 계속할 일이 있었습니다. 계속 새로운 일을 찾아 열심히 해나갔습니다. 성벽 공사가 다인 줄 알았는데 인구 조사를 했고, 그것을 통해서 백성들을 성읍 안으로 이주시켰습니다. 소원하는 것과 그것을 이루는 것은 별개의 문제인데 느헤미야는 그 일을 해냈습니다. 그들은 언제나 고향인 예루살렘에서 살고 싶었지만 그것은 단지 희망일 뿐이었습니다. 느헤미야는 희망을 현실로 바꾸어 주었습니다. 예루살렘에 정착해서도 느헤미야의 얼굴은 여전히 긴장한 모습으로 그려집니다. 아직 못한 일이 있어서였고 그것 때문에 그는 계속 마음 졸이며 주님께 기도했습니다. 가장 중요한 영혼의 성 쌓기가 남아 있었던 것입니다.

느헤미야에게 기도하는 시간은 즐겁고 자유롭고 가장 행복한 시간이었습니다. 주님과 은밀한 교제를 통해서 뭐든 공급받을 수 있었고 무엇보다 진심을 토로하며 마음이 정화될 수 있었습니다. 주님께로만 가면, 무릎만 꿇으면 그에겐 그 시간이 평안의 시간이요 안식의 시간이었습니다. 그러나 백성들에겐 이런 기쁨이 보이지 않았던 것입니다. 예루살렘 성은 웅장했지만 힘의 여하에 따라서는 언제라도 다시 무너질 수 있었습니다. 하지만 영혼에 쌓는 성은 어떤 경우에도 무너지지 않는 법입니다. 그 진짜 성을 백성들이 쌓기 원했던 것입니다. 그것은 하나님을 사랑하고 그 하나님을 기뻐하는 것으로부터 비롯되는 것이었습니다. 느헤미야가 바랐던 진정한 이스라엘의 모습은 여기까지였던 것입니다.

기도하는 중에 백성들은 7월 초에 수문 앞 광장으로 모여 들었고, 그날 거기에서는 전혀 예기치 않았던 사건이 벌어졌습니다. 에스라 선지자를 비롯한 학사들이 하나님 말씀을 읽어 주자 백성들 사이에서는 엄청난 회복이 일어났던 것입니다. 먼저 하나님을 떠나 산 세월에 대해 회개했고 이제 다시는 말씀을 떠나 살지 않겠다고 결단했습니다. 백성들은 유례없이 눈물바다를 이뤘습니다. 바로 그 모습을 보고 느헤미야는 비로소 끝이 온 것을 본 것입니다. 그리고 자기의 간증과 백성의 자각이 겹쳐진 이 한 마디를 던진 것이었습니다.

"여호와로 인하여 기뻐하는 것이 너희의 힘이니라."

그리고 더는 울지 말고 이제는 깨달은 바에 대해서 스스로 격려하고 자축하는 축제를 벌이라고 권고했던 것입니다.

백성들에겐 이 모든 것이 새로운 경험이었을 것입니다. 하나님과 말씀에 비로소 눈을 떴고 그것이 얼마나 달콤하고도 벅찬 것인지를 발견했던 것입니다.

느헤미야는 얼마나 희열에 넘쳤을까요? 자신이 그토록 바라던 기도를 하나님은 정말 들어주셨던 것입니다. 자기가 원하는 백성들의 모습이 바로 눈앞에서 성취된 것입니다. 이제 그들은 달라질 것입니다. 진정한 이스라엘의 회복은 이루어지고야 말 것이었습니다.

힘은 정체된 것에서는 오지 않습니다. 힘이란 언제나 흐르는 것에서 옵니다. 사랑하고 기뻐해야 합니다. 무엇을 사랑하고 기뻐해야 할지를 분간할 때입니다. 세상의 소유를 물리치고 하나님만을 기뻐할 때입니다. 사실 하나님 안에는 각양 좋은 것이 다 들어 있습니다.

그분을 사랑하는 것 때문에 그것이 기쁨의 원천이 된다면 거기에 더할 행복은 없습니다. 그보다 더한 힘도 없습니다.

하나님을 기뻐하는 것이 힘입니다.

29
지금 시작해도 늦지 않는다

그 이튿날 뭇 백성의 족장들과 제사장들과 레위 사람들이 율법의 말씀을 밝히 알고자 하여 학사 에스라에게 모여서 율법에 기록된 바를 본즉 여호와께서 모세를 통하여 명령하시기를 이스라엘 자손은 일곱째 달 절기에 초막에서 거할지니라 하였고 또 일렀으되 모든 성읍과 예루살렘에 공포하여 이르기를 너희는 산에 가서 감람나무 가지와 들감람나무 가지와 화석류나무 가지와 종려나무 가지와 기타 무성한 나무 가지를 가져다가 기록한 바를 따라 초막을 지으라 한지라 백성이 이에 나가서 나뭇가지를 가져다가 혹은 지붕 위에, 혹은 뜰 안에, 혹은 하나님의 전 뜰에, 혹은 수문 광장에, 혹은 에브라임 문 광장에 초막을 짓되 사로잡혔다가 돌아온 회중이 다 초막을 짓고 그 안에서 거하니 눈의 아들 여호수아 때로부터 그 날까지 이스라엘 자손이 이같이 행한 일이 없었으므로 이에 크게 기뻐하며 에스라는 첫날부터 끝 날까지 날마다 하나님의 율법책을 낭독하고 무리가 이레 동안 절기를 지키고 여덟째 날에 규례를 따라 성회를 열었느니라_8:13-18.

인생엔 무엇인가를 시작할 적당한 때가 있습니다. 하지만 그 시기가 정답은 아닙니다. 그때가 아니었기 때문에 실패했다든 가 또는 시작을 늦게 잡아서 절반의 성공밖에 거두지 못했다든 가 하는 일은 없다는 것입니다. 만약 그렇다면 수없이 많은 대기만성형 인물들의 업적은 설명할 길이 없습니다. "시작이 반이다"라는 격언도 수없는 체험의 산물이고 보면, "시작은 언제라도 늦지 않다" 역시 옳습니다. 다만 그 '언제'라는 것이 바로 지금이 아니라면 그 시작은 계속 미루어지다 끝내는 시작도 못해보고 말기 쉽습니다. 그러므로 벌써 시작했어야 했는데 못한 것이 있다면 그 일의 적기는 바로 지금입니다. 이때를 놓치면 기회는 영영 돌아오지 않습니다. 지금 시작해도 늦지 않습니다. 그러나 그 전제는 '지금, 곧바로, 꼭'이어야 합니다.

전날 수문 앞 광장에서 선포된 하나님 말씀에 너무나 큰 은혜를 입어서일까요? 족장들과 제사장들과 레위인들이 율법의 말씀을 제대로 알고 싶어 에스라 선지자를 찾습니다. 이 또한 전례 없던 일이라 에스라 선지자 역시 기쁨으로 백성의 지도자들을 맞이했을 것입니다. 그리고 함께 모세의 율법을 보던 중 다들 소스라치게 놀랍니다. 바로 7월 초인 지금이 초막절 절기라는 것을 뒤늦게 안 까닭이었습니다. 초막절은 출애굽 후 40년의 광야 생활 중에 초막을 짓고 살면서 이스라엘 백성들을 지켜 주신 하나님의 은혜를 기억하기 위해 제정된 절기였습니다.

백성들은 일주일 동안 초막을 만들어 거기서 지내면서 조상들의 신앙 여정을 직접 체험하고 더불어 하나님의 은혜를 되새기면서 보냈습니다. 그렇게 아름다운 전통이 여호수아 이래 지금까지 제대로 지켜져 본 적이 없었던 것입니다. 만시지탄晚時之歎의 일이지만 이들은 즉시 거국적인 초막절에 들어갔습니다. 백성들은 나뭇가지를 가져다가 초막을 지을 수 있는 곳이면 어디에든 지었습니다. 그리고 그곳에서 일주일 동안 살면서 조상들의 광야 생활과 그곳에서 내내 베풀어 주신 하나님의 은혜를 기념했습니다. 전날에는 말씀이 회복되고, 이제는 절기가 회복되니 백성들의 기쁨은 이루 말할 수 없이 컸습니다. 절기 내내 에스라 선지자는 쉼 없이 말씀을 들려주었고 일주일이 지난 제8일에는 성회를 열어 은혜 중에 초막절을 마쳤습니다.

초막절 절기 내내 느헤미야의 이야기는 쏙 빠져 있습니다. 그가 어디서 무얼 했는지 나오지는 않지만, 그 역시 여느 백성처럼 초막을 짓고 거기서 살았을 게 틀림없습니다. 에스라 선지자의 등장은 그에게는 천군만마千軍萬馬였을 것입니다. 평생 성경 연구로 일관해 온 에스라 선지자가 하나님의 뜻을 바르게 가르칠 것이고, 율법에 헌신한 그는 백성의 등불이 될 게 분명했습니다. 에스라와 그의 제자 학사들을 중심으로 온 백성이 초막절을 회복시킨 것을 보면서 어쩌면 느헤미야는 페르시아로 돌아갈 날을 생각했을지도 모릅니다. 자기의 역할이 대략 끝났다고 생각했을 것입니다. 족장들과 제사장들과 레위인들이, 그리고 학사 에스라와 그의 제자들이 제 역할만 잘해 준다면 이 이상 더 좋은 국가 체계는 없는 것입니다. 아직 독립은 요원해 보이지만 이렇게만 조국이 나아가 준다면 하나님은 그 시기를 앞당겨 주실지도 모를 일이었습니다. 늦게 배운 나쁜 도둑질도 밤새는 줄 모른다는데, 늦게 깨달은 좋은 하나님 말씀에 백성들은 더 날 가는 줄 모르고 기뻐했습니다. 이 뒤늦은 시작이 장차 이스라엘 역사의 한 축이 될 줄 당시 백성들은 몰랐을 것입니다.

언제든 시작은 늦는 법이 없습니다. 전에 계획했다 중단했던 것들은 다시 시작해야 합니다. 시작하려면 나이와 환경과 소유를 모두 잊어야 합니다. 나이는 미래를 눈멀게 하고 환경은 꿈을 앗아가고 소유는 믿음을 흐려 놓습니다. 시작하면 곧 발견하게 될 것입니다. 하나님이 친히 함께 일하고 계시다는 것을. 따라서 우리의 시작은 언제라도 늦는 법이 없습니다. 거듭 거듭 하나님은 시간도 당기거나 늦출 수 있는 분이시라는 것을 결코 잊지 마십시오!

아래의 말을 세 번 소리 내서 외쳐 보십시오!

"지금 시작해도 결코 늦지 않아!"

그 시작할 것이 무엇인지 속히 찾으십시오!

지금 시작해도 결코 늦지 않습니다.

5부

위기를 관리하는 지도자

지금 위기가 오고 고통이 시작되었다면
그것은 복 받기 위한 성장통이라고 생각하면 틀림없습니다.
반대의 공식도 성립됩니다.
즉 고통 없이 복 받는 일은 없다는 것입니다.

30
묵상, 회개, 경배의 순서를 지켜야 한다

그 달 스무나흘 날에 이스라엘 자손이 다 모여 금식하며 굵은 베옷을 입고 티끌을 무릅쓰며 모든 이방 사람들과 절교하고 서서 자기의 죄와 조상들의 허물을 자복하고 이 날에 낮 사분의 일은 그 제자리에 서서 그들의 하나님 여호와의 율법책을 낭독하고 낮 사분의 일은 죄를 자복하며 그들이 하나님 여호와께 경배하는데 레위 사람 예수아와 바니와 갓미엘과 스바냐와 분니와 세레뱌와 바니와 그나니는 단에 올라서서 큰 소리로 그들의 하나님 여호와께 부르짖고 또 레위 사람 예수아와 갓미엘과 바니와 하삽느야와 세레뱌와 호디야와 스바냐와 브다히야는 이르기를 너희 무리는 마땅히 일어나 영원부터 영원까지 계신 너희 하나님 여호와를 송축할지어다 주여 주의 영화로운 이름을 송축하올 것은 주의 이름이 존귀하여 모든 송축이나 찬양에서 뛰어남이니이다 오직 주는 여호와시라 하늘과 하늘들의 하늘과 일월성신과 땅과 땅 위의 만물과 바다와 그 가운데 모든 것을 지으시고 다 보존하시오니 모든 천군이 주께 경배하나이다_9:1-6.

세상 모든 일에는 일하는 순서가 있습니다. 순서를 지키지 않으면 아예 진행이 안 되는 경우는 오히려 괜찮지만 순서를 어겨도 일이 되어 가는 경우가 문제입니다. 그런 일은 나중에 더 큰 화를 불러일으킵니다. 교회에 처음 발을 들여놓은 초신자에게 주방 일을 맡긴다거나 교사를 시킨다면 할 수는 있겠지만 얼마 안 가 큰 후유증을 불러일으킬 것입니다. 아무리 일손이 부족해도 기초가 다져지고 공동체를 이해하기까지는 사역을 유보시켜야 합니다. 특히 순서가 뒤바뀌어서는 절대 안 되는 경우는 은혜를 체험한 뒤 경건생활에 들어갈 때입니다. 부흥회나 '찬양과 경배' 등의 집회로 신앙생활에 입문했더라도 지도자들이 제 순서를 찾을 수 있도록 도와줘야 합니다. 아울러 기존 신자들도 수시로 그것을 점검해야 합니다. 경건생활의 순서는 먼저 말씀을 묵상한 후 깨달음 속에서 오는 회개가 있어야 하고 이어서 감사와 경배로 마무리되어야 합니다. 즉 간단히 줄이면 묵상, 회개, 경배의 순으로 주기가 반복돼야 한다는 것입니다.

초막절이 끝났습니다. 모두들 일상으로 돌아갈 만도 한데 오히려 신앙적 열기는 더해 갔습니다. 이번엔 다들 모여 금식하며 굵은 베옷을 입고 재를 뒤집어 쓴 채 회개합니다. 일곱째 달 초에 수문 앞 광장에 모여 에스라 선지자와 학사들이 깨닫게 해준 말씀의 후폭풍은 거셌습니다. 장엄하게 선포되는 하나님 말씀에 감격해서 울었고, 이어 말씀 앞에 나를 비춰 보니 못난 모습이 고스란히 드러나 회한의 눈물을 흘렸습니다. 율법의 회복을 위해 초막절을 지키고 다시 성회 가운데 말씀이 선포되니 이래서는 안 되겠다 싶었는지 이제는 이스라엘 공동체 전부가 회개 운동에 돌입한 것이었습니다. 수십 년 동안 집단 백내장을 앓았던 사람들이 어느 날 신기술을 가진 안과 의사들에게 한꺼번에 치료가 되고, 난생처음 거울을 통해 자기들 모습을 제대로 봤을 때 일어났을 법한 사건이 일어난 것입니다. 자기 모습에 충격을 감추지 못하는 백성들이 그 추한 꼴을 한시라도 빨리 씻어 버리려는 듯 몸서리치며 서두릅니다. 가장 먼저 그간 이래저래 영향 받았던 이방 백성들과의 교제를 끊어 내고 그 불명예의 유산을 물려준 조상들의 죄까지도 자기들이 대신 자복합니다. 그 모든 죄를 뭉뚱그려 용서받으려는 것이 아닙니다. 괴롭지만 그 하나하나의 죄에 대해 조목조목 회개했던 것입니다. 진정으로 회개한 뒤 죄를 용서해 주심으로 오는 감사는 당연하고 곧이어 그런 하나님의 사랑을 송축하고 경배하지 않을 수 없게 됩니다. 오늘 이스라엘 백성은 그 순서를 그대로 따르고 있습니다. 낮을 반분해서 한 번은 계속 율법책을 낭독하고 또 한 번은 회개하며 하나님을 경배하는 모습인 것입니다. 즉 낭독과 회개와 경배가 계속 이어지고 있습니다. 이 순서는 한 번도 뒤바뀌지 않습니다.

우리나라만큼 이단이 성행하는 곳도 없습니다. 수요와 공급의 법칙에 따라 이단에 빠질 만한 사람들이 있으니 마귀들이 판치는 것입니다. 늘 그렇지만 마귀들은 순서를 뒤섞어 놓습니다. 뭐가 뭔지를 알아볼 수 없게 합니다. 언제나 말씀의 깨달음이 먼저여야 합니다. 말씀은 자기 내면을 깊이 돌아보게 해줍니다. 자연 회개가 뒤따르게 되고 그 과정이 끝난 후엔 거기서 해방되어 감사와 찬양과 경배가 뒤따르는 것입니다. 은혜 받는 일이 중요하긴 하나 분위기에 편승해서가 아니라 먼저 말씀에 따른 은혜여야 합니다. 이 기초 위에 서 있지 않으면 엉뚱한 데로 흐르고 결국은 분별하지 못한 탓에 마귀를 따르게 됩니다.

칭찬과 격려는 삶을 윤기 있게 만듭니다. 상대를 배려하는 인정 한마디가 인생의 전환점을 만들어 주기도 합니다. 여성들은 빈말인 줄 알면서도 아름답다는 말에 즐거워하고 남성들은 그냥 하는 말인 줄 알면서도 당신 없인 안 된다는 말에 으쓱해집니다. 아첨이 아닌 격려와 칭찬은 그렇게 활력을 불러일으킵니다. 인색해서는 안 될 일입니다. 그것은 우리 하나님께도 마찬가지입니다. 하나님은 창조주시고 만물의 소유주시라 인간의 사랑과 인정은 거들떠도 안 보시는 분이 아닙니다. 하나님께서도 우리의 사랑과 인정을 기다리고 계십니다. 예배를 제정하신 이유는 당신께 사랑을 표현하라시는 것이고 시편의 수많은 찬양은 당신을 인정하라는 증표인 것입니다. 물론 그 모든 것의 결국은 우리를 복 주시기 위함입니다. 사랑하고 인정하면 그 모두는 부메랑으로 우리에게 복이 되어 돌아옵니다. 하지만 우리는 그 일 역시 인색합니다. 우리 입은 찬양하고 경배하기 위해 있는 것입니다. 나직하게라도 고백해야 합니다.

"주님! 당신은 살아 계신 하나님이십니다. 영원히 변치 않으시는 하나님이십니다. 주님 나라는 영원히 멸망하지 않고 권세는 무궁합니다. 주님은 구원의 하나님이시요 건져내시는 하나님이십니다. 세상 어디서든 이적과 기사를 행하시는 하나님이시고 사자굴에서라도 구원하실 하나님이십니다!"

이런 경배와 찬양은 먼저 하나님이 기뻐하시지만 우리에게도 자부심의 원천이 됩니다. 습관처럼 버릇처럼 매순간 끊임없이 이어져야 합니다. 그러면 우리 삶은 변하게 될 것입니다.

말씀이 없으면 회개하려고 해도 자기 모습이 보이지 않습니다. 말씀이 없으면 경배하려 해도 참 마음이 생기지 않습니다. 본질적인 것이 채워져야 그 모두가 가능합니다. 우리 믿음의 본질은 말씀입니다. 말씀을 깨달아야 회개와 감사와 경배가 이어집니다.

오늘도 먼저 말씀을 깊이 묵상하고, 거기서 나 자신을 발견하고 회개하며, 용서해 주신 하나님께 감사하고 그분을 찬양하며 경배하는 자리로 나아가십시오! 이스라엘 백성들이 보여 준 모습처럼 묵상, 회개, 경배의 순서를 지키십시오. 늘 말씀이 먼저입니다.

말씀 묵상, 회개, 경배로 매순간을 촘촘히 채워야 합니다.

31
기억하면 나아갈 수 있다

주는 하나님 여호와시라 옛적에 아브람을 택하시고 갈대아 우르에서 인도하여 내시고 아브라함이라는 이름을 주시고 그의 마음이 주 앞에서 충성됨을 보시고 그와 더불어 언약을 세우사 가나안 족속과 헷 족속과 아모리 족속과 브리스 족속과 여부스 족속과 기르가스 족속의 땅을 그의 씨에게 주리라 하시더니 그 말씀대로 이루셨사오매 주는 의로우심이로소이다 _9:7-8.

어릴 때 몇 년간 소아마비를 앓은 적이 있습니다. 당시만 해도 무서운 병이라 완치되는 사람이 많지 않았고 나았다 해도 후유증이 적지 않았습니다. 그 일 이후 신상에 아무리 어려운 일이 닥쳐도 그때를 기억하면 감사할 것밖에 없습니다. 인생살이에는 깔끔하게 잊어야 할 일이 있고 반드시 기억해 두어야 할 일이 있습니다. 많은 경우 그것을 반대로 하는 까닭에 비극이 생깁니다. 2차 대전 때 동포 600만 명을 학살당한 유대인들이 "용서하자 그러나 잊지는 말자" 다짐했듯이 나쁜 기억들은 지워 버려야 하지만 감사할 조건들은 결코 잊으면 안 됩니다. 특히 어려움을 이겨 왔던 기억들은 오래 새겨 두어야 합니다. 인생은 그렇게 기억할 것만 제대로 기억해 둬도 넉넉히 승리할 수 있습니다.

백성들의 거국적인 회개 운동이 일어난 그 자리에서 새로운 일이 진행되고 있었습니다. 그들의 신앙 고백이 시작된 것입니다. 그 고백이란 믿음의 조상인 아브라함 때부터 지금 이 순간까지 하나님이 어떻게 자기들을 돌보셨는지를 기억해 내는 일이었습니다. 수천 년 동안의 일을 대략 되짚어 보는 것만으로도 그들은 하나님의 보호와 구원의 손길을 진하게 느낄 수 있었을 것입니다. 레위인 중 누군가 외쳤을 이 고백은 하나님께 드리는 대표기도의 형식을 띠고 있지만 그 자체가 경배요 신앙 고백이었습니다. 그것은 마치 장성한 자녀가 갓난아기 시절부터 자신의 성장 과정을 정리해 둔 앨범을 볼 때의 마음인 것입니다. 사진을 보면서 그 하나하나에 담긴 부모의 정성과 사랑이 새록새록 떠오르는 것입니다. 감사와 놀라움이 따르는 것은 당연합니다. 그것은 길지만 장면 장면을 생각해 보면 오히려 짧게 느껴지는 사랑의 흔적입니다.

가장 먼저 그들은 아브라함에게 나타나셨던 하나님을 기억해 내고 있습니다. 그를 택하시고 인도해 내시고 아브라함이라는 이름을 주시며 언약을 주시되 그 자신이 복의 근원이 되도록 하신 섭리를 회고하고 있습니다. 이스라엘 백성들뿐 아니라 후대의 사람들에게까지 아브라함이 중요한 이유는 그가 모든 믿는 사람의 표본이 되는 까닭입니다. 실험실의 여러 표본 중에 하나를 뽑은 연구원은 그 실험의 결과를 채택된 표본뿐 아니라 탈락된 다른 표본에게 똑같이 적용합니다. 같은 준거 집단에서는 언제나 같은 결과가 나오기 때문입니다.

하나님이 아브라함을 선택하신 것은 그가 의로워서도 아니고 구원받을 만한 어떤 행위를 해서도 아닙니다. '구원받을 만한 믿음'이 있어서는 더더욱 아니었습니다(그것은 한참 뒤의 일입니다). 하나님은 그의 조건이 맞아서 선택하신 것이 아닙니다. '그냥' 그를 선택하셨습니다. 그리고 그에게 복 주시려고 알파에서 오메가까지 하나하나 가르치셨습니다. 물론 여물지 않은 그의 인성 때문에 많은 시행착오를 겪지만 결국 그는 복 자체가 되어 별처럼 빛나게 된 것입니다.

아브라함과 우리는 같은 준거 집단에 속해 있습니다. 그가 우리와 다른 것은 채택된 표본이라는 것뿐입니다. 따라서 그는 자랑할 것도 좋아할 것도 없습니다. 우리로 말하면 아브라함의 자리에 그를 빼고 우리들 중 누군가의 이름을 집어넣어도 다 아브라함처럼 되는 사람들입니다. 그러므로 기록된 그의 행로에 그 이름을 빼고 우리 이름을 넣는다 해도 결과는 똑같이 나오게 되어 있습니다.

그렇다면 우리 일도 오늘 이스라엘 백성들이 벌이는 것과 똑같아야 합니다. 왜냐하면 그렇게 기억해 내는 것 자체가 신앙고백이 되기 때문입니다. 고백의 힘이 얼마나 강력한 것인지는 금방 실험해 볼 수 있습니다. 당장 전화를 들어 가까운 친지들에게 "문득 당신은 내게 너무 소중한 존재라는 것을 새삼 알게 됐습니다. 내 곁에 있어 줘서 고맙고 너무 행복합니다"라고 말해 보십시오. 그 파장은 결코 작지 않을 것입니다.

만약 그 고백이 하나님을 향하고 있다면 그것만으로도 하나님은 우리에게서 눈길을 떼지 못하실 것입니다. 다윗은 자기 생의 중요한 사건들을 시로 추억하고 있습니다. 그것은 기억의 일종이고 그렇게 쓴 시는 결국 하나님께 드리는 사랑의 고백에 다름 아닙니다. 다윗을 향해서 만큼은 편애하시는 듯한 느낌을 주는 것은 결코 괜한 일이 아닙니다.

지금까지의 삶을 기억해 내십시오. 그리고 그 기로의 장면들을 펼쳐서 하나하나 살펴 나가 보십시오. 하나님의 눈물과 한숨과 마음 졸이심과 정성스런 손길이 장면마다 진하게 배어 있을 것입니다. 그것을 보는 것만으로도 당신은 이미 받을 복을 다 받은 것입니다. 은혜가 족한 이는 바로 당신입니다.

사랑은 다른 게 아니라 기억하고 있는 것을 고백하는 것입니다. 그것만으로도 하나님은 춤을 추십니다. 기억해 내고 고백하는 일로 오늘도 시간을 채워 나가십시오! 우리를 향한 하나님의 환한 웃음을 생각하면서.

기억해 내면 우리는 언제든 앞으로 나아갈 수 있습니다.

32
위기가 기회라는 것은
사실이다

주께서 우리 조상들이 애굽에서 고난받는 것을 감찰하시며 홍해에서 그들의 부르짖음을 들으시고 이적과 기사를 베푸사 바로와 그의 모든 신하와 그의 나라 온 백성을 치셨사오니 이는 그들이 우리의 조상들에게 교만하게 행함을 아셨음이라 주께서 오늘과 같은 명예를 얻으셨나이다 _9:9-10.

하나님께서 세상 역사를 이끌어 가신다는 사실을 믿는다면 우연히 일어나는 일은 아무것도 없다는 사실도 믿게 됩니다. 특히 고난과 위기가 닥쳤을 때 그것은 여실히 증명됩니다. 괜한 어려움 속으로 억지로 떠미시는 일은 없다는 것입니다. 만약 그런 일이 어떤 개인이나 공동체에 일어난다면, 분명합니다. 그 일을 통해 어떤 전기를 마련하시고자 하는 하나님의 섭리입니다. 다른 말로 하면 복 주시기 위한 하나님의 몸짓으로 보면 틀림없다는 것입니다. 따라서 위기가 올 때 그것을 위기로만 보는 것은 기회를 놓치는 것입니다. 위기란 알고 보면 한꺼번에 몇 단계를 뛰어오를 수 있는 절호의 기회입니다.

오늘 이스라엘 백성들은 하나님 사랑의 손길을 추억하면서 애굽 시대 때로 세월을 거슬러 올라갑니다. 자기 조상들이 애굽에서 고난받는 것을 감찰하시는 하나님을 떠올리고 있는데 사실은 바로 그때가 이스라엘이 복 받는 백성으로 바뀌는 전환기였던 것입니다. 그렇습니다. 이스라엘은 이제 하나님의 구원 역사를 이루는 나라로 사명을 감당해야 했습니다. 그러자면 남의 나라 한구석에 있어서는 안 되었고 여간 강해서도 안 되었습니다. 그래서 하나님은 당신의 백성을 애굽에서 나오게 할 계획을 세우고 모세를 부르셨습니다. 문제는 이스라엘 백성들에게 애굽은 종살이로 살았을지언정 이제 400년을 넘게 살았던 고향이나 마찬가지라는 점입니다. 몇 세대를 걸치면서 안정이 됐을 때인데 보통 일로는 그곳을 떠나려 하지 않을 게 분명했습니다. 그래서 하나님은 요셉을 모르는 바로 왕을 일으키시고 그는 번성하는 이스라엘 족속을 핍박하기 시작합니다. 얼마나 고통이 극심했는지는 우리가 다 아는 바입니다. 어느 순간 백성들은 애굽 땅이 지긋지긋해졌고 그래서 자기들의 고난을 하나님께 통곡하며 아뢰기 시작했습니다. 그러니까 백성들에게 가해지는 노역과 핍박이 자신들에겐 고난의 시간이었지만 한편으로는 그 땅을 떠날 마음을 갖게 한 계기가 되었던 것입니다. 만약 바로 왕이 선대 왕 때 요셉이 한 일을 기억하고 계속 이스라엘 백성들에게 호의를 베풀었다면, 그래서 백성들이 거기서 더 잘 먹고 잘살게 되었다면 이스라엘은 그 땅을 떠날 생각을 못했을 것입니다. 그러니까 이스라엘에게 찾아온 위기는 결국 하나님의 작품이었습니다. 복 주시려고 자기 백성의 위기를 자초하신 것입니다. 복 주시고 하나님의 백성으로 만들기 위한 원대한 계획의 출발이었다는 것입니다. 40년 광야 생활도 백성들을 강하게 만들기 위한 커리큘럼의 한 부분이었습니다. 그런 야성 없이 맨땅에 자기들의 나라를 세우기는 어려웠을 것입니다. 그리고 그 모든 계획은 지금까지 진행되어 왔던 것입니다.

개인에게나 공동체에게나 세상일은 대개 이렇게 흘러갑니다. 즉 위기는 그 극복을 통해 꼭 복이 되는 공식이 되어 왔습니다. 그러므로 지금 위기가 오고 고통이 시작되었다면 그것은 복

받기 위한 성장통이라고 생각하면 틀림없습니다. 반대의 공식도 성립됩니다. 즉 고통 없이 복 받는 일은 없다는 것입니다. 어느 날 갑자기 소나기 쏟아지듯 하늘에서 복이 뚝 떨어지는 일 따위는 결코 없다는 뜻입니다. 혹 그런 일이 있다면 그것은 로또 당첨처럼 위험천만한 일입니다. 재앙이 될지도 모르므로 도사려야지 좋아할 일이 아니라는 것입니다. 야곱의 얍복 강 사건도 알고 보면 이스라엘 백성에게 일어났던 그 일의 축소판입니다. 그냥은 열두 지파의 아비가 될 수 없었기에 그 밤에 주님께서 직접 얍복 강에서의 환골탈태換骨奪胎를 주도하셨던 것입니다. 그러므로 위기는 곧 기회입니다. 주사약이지 통증 자체가 아닙니다.

바로와 그의 백성들은 어찌 보면 도박사들 같습니다. 이스라엘의 탈출 과정마다 돈을 걸고 목맵니다. 이스라엘이 한 번 위기를 극복할 때마다 그들은 판돈을 잃듯 저주가 임합니다. 그런 도박은 할수록 손해고 결국 그들을 기다리는 것은 파산입니다. 우리가 유념해야 될 게 그것입니다. 복 받는 주체자가 돼야지 바로 왕처럼 누군가의 축복을 막는 장애물이 되어서는 안 된다는 것입니다. 우리가 깨어 있지 않으면 그런 사람으로 쓰일 수도 있다는 사실을 잊으면 안 됩니다. 가룟 유다나 안나스, 가야바 같은 대제사장들도 스스로 그렇게 되고 싶어 된 것은 아닐 것입니다. 위기를 극복하는 당사자가 되어야지 극복의 대상으로 사용돼서는 정말 안 될 일이라는 것입니다.

이스라엘 백성들은 이렇듯 보금자리가 된 예루살렘 성 안에서 하나님의 자비로운 손길을 계속 기억해 내고 있습니다. 그들은 그렇게 자라고 있었습니다. 그들의 고백과 기도는 이쯤에서 끝나지 않고 계속될 것이었습니다.

위기가 왔습니까? 복이라는 친구가 찾아온 것입니다. 반갑게 맞이하려고 애쓰십시오. 비록 그의 손에 든 보자기가 검고 칙칙해 보여도 풀고 난 후의 내용물은 보화입니다. 그 친구가 찾아왔을 때 정성 다해 겸허하게 맞이하십시오. 떠난 후에 보면 우리 형편은 일취월장 좋아지고 우리 마음은 쑥 자라 있을 것입니다.

위기는 '위험한 기회'라는 말은 정말 맞습니다. 하늘 아버지의 특별한 선물로 맞이해야 할 일입니다. 안개가 걷힌 후엔 언제나 따스한 햇볕이 쏟아지는 법입니다.

위기가 기회라는 것은 사실입니다.

33

광야에서는 양식보다 말씀이 먼저다

또 주께서 우리 조상들 앞에서 바다를 갈라지게 하사 그들이 바다 가운데를 육지같이 통과하게 하시고 쫓아오는 자들을 돌을 큰 물에 던짐같이 깊은 물에 던지시고 낮에는 구름 기둥으로 인도하시고 밤에는 불기둥으로 그들이 행할 길을 그들에게 비추셨사오며 또 시내 산에 강림하시고 하늘에서부터 그들과 말씀하사 정직한 규례와 진정한 율법과 선한 율례와 계명을 그들에게 주시고 거룩한 안식일을 그들에게 알리시며 주의 종 모세를 통하여 계명과 율례와 율법을 그들에게 명령하시고 그들의 굶주림 때문에 그들에게 양식을 주시며 그들의 목마름 때문에 그들에게 반석에서 물을 내시고 또 주께서 옛적에 손을 들어 맹세하시고 주겠다고 하신 땅을 들어가서 차지하라 말씀하셨사오나 _9:11-15.

어떤 제품이든 구입하고 나서 가장 먼저 할 일은 그 제품의 사용설명서를 읽는 일입니다. 하지만 그것을 세심하게 보는 사람은 그다지 많지 않습니다. 대충 작동해 보면 안다는 식입니다. 그리고 문제가 생기면 애프터서비스를 받으면 된다고 생각합니다. 사실 웬만한 고장은 그 설명서만 잘 읽어도 스스로 해결할 수 있는 것들인데 그게 꼭 필요해서 찾을 때는 이미 온데간데없이 사라져 버린 후입니다. 우리 인생살이에도 가장 필요한 것은 그와 같은 설명서입니다. 그것만 보면 살 방도가 생기는데 도무지 들여다보지 않거나 건성으로 볼 때가 많다는 게 문제입니다. 우리 삶에서의 사용설명서란 바로 하나님의 말씀입니다. 거기엔 어떤 상황에서든 대처할 방법이 나옵니다. 특히 그게 보통 것들과 다른 점은 경우마다 우선순위까지 친절하게 매겨져 있다는 것입니다. 그것에 따라 움직이면 인생은 형통하게 되어 있습니다.

과거를 회상하는 이스라엘 백성들이 오늘은 애굽을 나온 후 광야에서의 일을 회고하고 있습니다. 광야에서 방황하던 자신들을 하나님이 어떻게 보호하셨는지를 살피는 것입니다. 유심히 보지 않아서 그렇지 하나님이 우리들을 돌보시는 방법은 공식처럼 일반화되어 있습니다. 그리고 그 배경이란 어느 시대를 막론하고 우리 사는 현실과 크게 다를 바 없는 환경입니다. 즉 광야란 지금 우리가 살아 내는 세상입니다. 따라서 우리가 세상에서 살아가는 방법이란 광야에서의 일을 그대로 따르면 되는 것입니다.

출애굽 후 이스라엘 백성을 뒤쫓던 애굽 사람들은 모두 홍해에 수장되었습니다. 그렇게 되기까지 백성들도 고생을 했지만 하나님은 당신이 택한 백성들을 그냥 죽게 내버려 두시지 않았습니다. 옛 어른들이 입버릇처럼 "뼈만 추리면 산다" 했던 것은 어떤 경우에도 목숨만은 가져가지 않으시는 하나님의 섭리를 알아차리고 있었던 게 아닐까 싶은 생각이 듭니다. 어떤 경우에도 하나님은 우리를 죽도록 내버려 두시지 않습니다. 어디 가도 목숨을 지켜 주신다는 것을 믿어야 하는 이유입니다.

지평선과 하늘 끝이 맞닿은 거대한 광야에 입장하면서 먼저 이스라엘 백성들은 한숨이 터져 나왔을 것입니다. 살아가는 것은 차치하고라도 생물의 생존 자체 여부도 확신을 가질 수 없는 황막하고 건조한 땅이 끝없이 펼쳐져 있는 것입니다. 낮에는 작렬하는 태양 아래 숨을 곳이 없고 밤에는 또 낮과는 전혀 다른 얼굴로 추위가 엄습하는 변덕의 땅에서 단 하루라도 생존하기가 녹록해 보이지 않았던 것입니다. 하지만 기적은 계속 일어났습니다. 작렬하는 태양은 거대한 구름기둥이 막아 주었고 엄습하는 추위는 불기둥이 막아 준 것입니다. 알고 보면 우리가 살아 있는 것 자체가 기적이지 싶을 때가 적지 않습니다. 구름기둥과 불기둥이 아니어서 그렇지 우리를 보호하는 기둥은 지금도 분명히 존재하고 있습니다. 그렇게 과학을 발달시키고도 손가락 하나 움직이지 못한 채 천재지변을 고스란히 당하고, 그렇게 누차 안전을 장담하고도 어이없는 실수로 엄청난 사고를 당하는 것이 지금의 인류입니다. 그런 인류에 만약 행성 하나라도 지구로 질주할 때는 어찌할까 생각해 보면 매일이 기적이 아닐 수 없는 것입니다.

광야에서의 가장 큰 일이라면 보나마나 먹을거리일 것입니다. 사방을 둘러봐도 구할 데가 없는 것입니다. 그래서 이스라엘 백성들의 가장 큰 감격은 하늘에서 만나가 떨어지는 광경과 어디에선가 날아와서 자기들 앞에서 자살하는 메추라기를 볼 때였을 것입니다. 그렇게 먹을거리를 해결하신 후에 하나님은 인생이 영원히 따라 살아야 할 말씀인 십계명 돌판을 선사하십니다. 말하자면 풍요로운 인생살이의 법칙을 가르쳐 주신 것입니다. 이제 그 말씀들만 지켜 살면 광야 어디에서든 하나님을 기뻐하면서 살아갈 수 있도록 하신 것입니다.

이스라엘 백성들의 회상을 기록해 나가면서 느헤미야는 지금 이 부분에 와서는 연대기적 순서를 따르지 않고 있습니다. 홍해 사건과 기둥들 이야기는 배열이 제대로 됐지만 시내산 이야기와 만나 이야기는 순서가 바뀌었습니다. 원래는 만나 이야기가 먼저지만 그것을 뒤로 뺐습니다. 즉 하나님의 말씀 받은 얘기를 앞에 적고 일용할 양식의 이야기는 뒤에 둔 것입니다. 백성들을 대표한 느헤미야의 의도가 무엇인지를, 그리고 성경을 기록해 가시는 성령님의 의도가 뭔지를 알아차릴 수 있는 대목입니다. 우리들 설명서에는 먹을거리보다 말씀이 먼저라는 것입니다. 먹는 것보다 우선하는 것은 하나님 말씀입니다. 예수님도 광야에서 시험받으실 때 그 우선순위를 분명히 밝혀 두셨습니다. 먹을 게 중요하지 않다는 게 아니라 말씀에 순종하면 일용할 양식은 책임져 주시겠다는 하나님의 자신감인 것입니다. 잔뜩 신경 써서 읽어야 될 부분이 이런 곳인데 우리는 그런가 보다 하고 지나갑니다. 우선순위가 잘못되면 속옷과 겉옷을 바꿔 입는 것보다도 더한 낭패가 오는 게 광야 생활입니다. 모든 것이 어그러지고 그때부터 삶은 요동치게 되어 있습니다.

광야에서는 양식보다 말씀 순종이 더 먼저입니다. 오늘 이스라엘 백성들은 새삼 그 얘기를 강조하고 싶어 의도적으로 순서를 뒤바꾼 것입니다. 다시 강조하지만 광야와 지금 우리가 사는 인생은 똑같습니다. 광야 생활은 지금도 그대로 적용된다는 것입니다. 따지고 보면 세상에서 우리의 생존 양식은 먹을거리를 위한 삶인데, 그 원초적 문제는 말씀의 순종 여부에 결정됩니다.

오늘 다시 한 번 사용설명서를 제대로 봐야 합니다. 우리는 광야에 살고 있습니다. 광야에는 그곳만의 생존 법칙이 있습니다. 잘못되면 얼마간은 버틸 수 있겠지만 결국은 고사枯死하고 맙니다. 광야에서는 양식보다 말씀이 먼저입니다. 말씀에 순종하면 메추리를 통해서든 까마귀를 통해서든 하나님은 우리를 먹이실 것입니다. 문제는 사용설명서를 사용하느냐 마느냐입니다. 거기에 따라 삶의 질은 하늘과 땅처럼 차이 날 것입니다. 오늘은 그것을 실제 시험해 보십시오!

광야에서는 양식보다 말씀이 먼저입니다.

34
당연하다 여기면 재앙이다

그들과 우리 조상들이 교만하고 목을 굳게 하여 주의 명령을 듣지 아니하고 거역하며 주께서 그들 가운데에서 행하신 기사를 기억하지 아니하고 목을 굳게 하며 패역하여 스스로 한 우두머리를 세우고 종 되었던 땅으로 돌아가고자 하였나이다 그러나 주께서는 용서하시는 하나님이시라 은혜로우시며 긍휼히 여기시며 더디 노하시며 인자가 풍부하시므로 그들을 버리지 아니하셨나이다_9:16-17.

전에 한 형제와 교제 중인 어떤 자매의 고백을 들은 적이 있습니다. 자매를 무척 좋아했던 그 형제는 자매가 아무리 쌀쌀맞게 굴어도 한결같이 친절하고 자매의 말에 순종적이었습니다. 어느 날 자매의 마음에 이제는 좀 형제에게 잘해 주어야겠다 싶어 여태까지와는 다르게 자상하게 대해 주었다고 합니다. 그러기를 한두 달 계속하니 형제의 태도가 달라지기 시작했습니다. 자매가 잘 대해 주면 형제 역시 전보다 자기에게 더 깊이 마음 쓸 줄 알았는데 오히려 반대로 변하더라는 것입니다. 불만도 많아지고 요구 사항도 더 많아지더라는 것입니다. 그러면서 처음에 보여 주었던 형제의 그 마음 씀씀이와 긴장감이 아쉽다고 토로한 적이 있었습니다. 남녀 간의 문제뿐만이 아닙니다. 인간의 가장 큰 허물은 축복이 계속되면 그것을 더 이상 축복으로 생각하지 않는다는 것입니다. 축복을 당연하게 생각하면 그 축복은 재앙으로 변하는 날이 오고 맙니다. 우리 인생에서 가장 경계해야 될 일 중의 하나가 바로 이 점입니다.

이스라엘 백성들의 회상은 계속됩니다. 목적지가 분명하고 지도자를 믿고 따를 때엔 상황이 어려워도 별 문제가 없습니다. 길도 없고 방위도 불분명한 광야 생활이었지만 일용할 양식과 물이 공급되자 감사했고 나름대로 사는 방법을 터득해 나갔습니다. 일상의 평온이 유지될 때 인간이 해야 될 가장 중요한 일은 예배입니다. 먹고 살 양식이 있고 무슨 새로운 일을 도모할 필요가 없는 광야 생활이란 오히려 예배드리기 가장 좋은 환경인 것입니다. 매일 예배드리고 구름기둥과 함께 전진하고 밤이면 불기둥의 포근함을 느끼며 쉬면 되는 것입니다.

우리는 매일의 일상을 짜증과 권태로 맞이하지 않도록 조심해야 합니다. 일상日常, 즉 매일이 같다는 것은 축복이지 불평거리가 아닙니다. 만약 우리 삶이 평소 같은 일상이 아니면 비상非常이라는 말인데, 그것은 결코 즐겁게 맞이할 일이 아닙니다. 따라서 일상 가운데도 감사와 함께 적당한 긴장을 유지하는 것이 꼭 필요합니다. 바로 그 일이 예배와 "여호와의 율법을 즐거워하여 그의 율법을 주야로 묵상"(시 1:1)하는 것입니다. 주님의 말씀은 우리를 끊임없이 자극하고 인생줄을 팽팽하게 당겨 줍니다. 예배는 그분의 임재 가운데 계속해서 감사의 삶을 유지할 수 있게 해줍니다. 그러므로 지금의 생활에 불만과 권태가 시작되면 그 이유는 분명히 예배와 말씀 묵상을 등한히 여긴 까닭입니다. 느헤미야가 그랬듯이 기도의 골방을 찾아 무릎 꿇어야 할 때입니다.

이 작업을 등한히 했을 때 이스라엘 백성들에게 위기가 찾아왔습니다. 광야라는 절체절명의 악조건 속에서 그래도 살 만하다는 것은 축복이요 자족의 조건입니다. 그런데 이런 일상이 계속되면서 예배와 순종의 삶을 살지 않고 그들은 '더 많이, 다양하게'를 요구했던 것입니다. 지금 누리는 복은 당연한 것이고 그 위에 뭔가 더 보태져야 된다는 생각인 것입니다. 교만이란 자기의 현 위치를 이탈하는 것입니다. 아무 선택권이 없는 자리에서 시혜施惠를 요구하는 꼴입니다. 누가 봐도 우습고 가당치 않습니다. 더 나아가서 지금 공급받고 있는 것들을 사양하겠다고 으름장을 놓습니다. 누가 손해고 누가 죽을 일인지 생각해 볼 일입니다. 그리고 실제 그것을 행동에 옮깁니다. 인간은 정작 필요한 일은 주저하면서도 무모한 일에는 쓸데없이 과감합니다. 돌아갈 수도 없는 애굽으로 방향을 바꾸고 하나님이 세운 지도자를 두고 다른 지도자를 세웁니다. 거꾸로 홍해를 어떻게 건널지, 만나와 메추라기는 어떻게 될지도 계산해 보지 않습니다. 모든 축복은 당연한 거고 더 이상 재미가 없어진 일상도 하나님의 책임인 것입니다.

다행히 느헤미야 시대의 백성들은 이런 기억을 돌이키면서 스스로 허물을 들추어 냅니다. 광야에서 맞았던 불뱀의 저주도 언급하지 않고 다만 하나님을 찬양함으로 그 시간들을 덮으면서 자신들의 잘못을 뼈저리게 인정하는 모습입니다. 그것은 지금 베푸시는 모든 은혜를 결코 당연하게 생각하지 않겠다는 다짐인 것입니다.

오늘도 오늘의 태양이 떠오르고 있습니다. 당연한 일이 아닙니다. 오늘도 제때 눈떠 자리에서 일어나 이 시간을 맞고 있습니다. 당연한 일이 아닙니다. 재잘거리는 아이들이 있고 배우자가 있고 식탁엔 빵과 커피가 놓여 있습니다. 당연한 일이 아닙니다. 오늘 어디에서 일어났습니까? 난민촌 천막이나 메마른 땅의 텐트 속이 아니라면 당연한 일입니까? 나갈 직장이 있고 사업장이 있고 서서 설거지할 싱크대가 있습니다. 지극히 자연스럽고 당연한 일입니까?

하나님의 자리에서 보면 인간들의 행동이란 한시도 그냥 둘 수 없는 목불인견目不忍見의 현장입니다. 당장 저주를 내려 멸망시켜도 분이 풀리지 않을 것입니다. 그런 사태를 짐작해야 합니다. 그래서 오늘 이스라엘 백성들이 고백한 찬양을 우리가 대신 목 놓아 외쳐야 합니다.

"은혜로우시며 긍휼이 여기시며 더디 노하시며 인자가 풍부하시므로 우리를 버리지 아니하셨나이다!" 이것을 잊는 날엔 면제됐던 광야의 재앙이 우리에게도 지체 없이 닥칠 줄 알아야 합니다.

베푸시는 복을 복으로 알아야 합니다. 결코 당연한 일이 아닙니다. 늘 같은 일상은 복입니다. 그것을 복으로 생각하지 않으면 일상은 비상이 됩니다. 사는 게 권태롭고 지루하고 재미없으면 사치에 깊이 물든 줄 알아야 합니다.

더 계속되면 정말 권태롭지도 않고 지루하지도 않으며 재미있는 일이 벌어질 것입니다. 그런 생각을 지우고 예배와 말씀 묵상과 기도로 일상을 꾸려 나가십시오. 우리가 당연하게 생각하는 것들 중 정말로 당연한 것들은 아무것도 없습니다.

오늘도 내려놓았던 감사와 은혜의 선글라스를 다시 쓰십시오. 세상이 온통 감사와 은혜거리로 보이도록.

당연해 보이는 것 중 당연한 것은 아무것도 없습니다. 복과 은혜 아닌 것은 아무것도 없습니다.

당연하다 여기면 그때는 재앙입니다.

35

엉뚱한 것을
하나님 삼지 말라

또 그들이 자기들을 위하여 송아지를 부어 만들고 이르기를 이는 곧 너희를 인도하여 애굽에서 나오게 한 신이라 하여 하나님을 크게 모독하였사오나_9:18.

인간의 본성에는 밤 지나면 아침 오듯 확실한 사실이 하나 있습니다. 바로 인간은 언제나 하나님을 믿고 살게 되어 있다는 것입니다. 그것은 하나님이 사람을 창조하실 때 이미 우리 영혼에 그 마음을 집어넣으셨기 때문입니다. 이런 사실을 두고 "그건 믿는 사람들 얘기고……!"라고 말할 사람도 있겠지만 그것은 누구에게나 똑같습니다. 즉 인간은 모두 다 절대자를 의지하며 살도록 되어 있다는 것입니다. 가장 급박한 순간에는 누구라도 하나님을 찾게 됩니다. 따라서 인간은 다른 것이 다 채워지더라도 하나님이 없으면 갈증을 느끼게 되어 있습니다. 인간의 공허란 그렇게 하나님이 없어서 오는 것인데 사람들은 그것을 모른 채 엉뚱한 것으로 채우려고 합니다. 하나님 자리는 하나님 외에는 결코 채워지지 않습니다. 즉 돈, 권력, 명예 등등 인간이 신처럼 받드는 것들은 결코 하나님이 될 수 없다는 것입니다. 하나님 자리를 다른 것으로 대치하거나 엉뚱한 것을 하나님 삼는 일은 이제 그만 멈추어야 합니다.

이스라엘의 치명적 과오 중 하나는 광야에서 하나님이 가장 싫어하시는 우상을 만들었다는 것입니다. 모세가 계명을 받기 위해 올라간 사이에 백성들은 그 일을 저지릅니다. 그 우상이 이스라엘을 애굽에서 인도하여 낸 자신들의 신이라는 것입니다. 그들은 자기들이 한 짓이 얼마나 엄청난 일인지 몰랐습니다. 하나님과 금송아지를 같은 수준으로 만들어 버린 것입니다. 낳고 먹이고 키우고 장가보내 주었더니 돼지 새끼를 데려와 이것들이 내 부모라고 하는 것입니다. 그 부모가 느낄 굴욕과 절망이 얼마나 클지는 헤아리기 어렵습니다.

이렇게 된 데는 섬길 것과 사랑할 것과 사용해야 될 것들을 제대로 알지 못한 데 그 이유가 있습니다. 사람은 사랑할 대상입니다. 돈을 비롯한 모든 유형, 무형의 피조물들은 사용하고 다스려야 할 것들입니다. 그리고 오직 하나님만이 믿음과 섬김의 대상입니다. 그런데 어찌된 영문인지 사람들은 착각을 일으킵니다. 섬길 것과 사용할 것과 사랑할 것들을 제 맘대로 바꿔 버렸습니다. 그러자 일대 혼란이 오고 그때부터는 섬기고 사랑하고 사용해야 할 것들이 온통 뒤죽박죽이 된 것입니다. 즉 돈은 사랑하고, 사람은 믿고, 하나님은 사용되는 엄청난 일이 발생한 것입니다. 탐욕과 교만이 빚은 비극입니다. 이로써 인간의 평안도 함께 사라져 버렸습니다.

인간의 영혼은 채워질 것으로 채워져야만 비로소 해갈됩니다. 그것은 오직 하나님만을 믿고 섬기는 데서만 비롯됩니다. 그렇게 채우지 못할 바에는 언젠가 거기에 하나님이 임재하시도록 그냥 빈 상태로 두면 좋으련만, 인간은 그렇게 못하고 다른 것으로라도 채우려고 합니다. 그렇게 해서라도 갈증을 해소하려고 합니다. 하지만 그것은 목마르다고 바닷물을 마시는 것과 같습니다. 목만 더 탈 뿐입니다.

이런 면에서 느헤미야 시대를 살던 이스라엘 백성들의 가장 큰 업적은 52일 만에 성을 쌓은 것이 아니라 하나님을 하나님 자리로 올려 드렸다는 데 있습니다. 사람은 섬길 대상만 제대로 찾으면 다른 것은 모두 제자리로 돌려보낼 수 있게 됩니다. 그들이 모여 한마음으로 회개와 묵상의 시간을 갖자 이런 은혜가 찾아온 것입니다. 이스라엘 공동체는 이제 모든 게 하나하나 제자리를 찾아 정리되어 가고 있습니다.

과거 이스라엘 백성들뿐 아니라, 오늘날에도 인간은 하나님을 하나님으로 섬기지 않는다면 다른 무엇을 택해서라도 하나님 삼는다는 것을 기억해야 합니다. 그래서 영혼의 갈증은 계속되는 것이고 그것을 해갈하기 위해 헛된 것을 좇는 악순환이 반복되는 것입니다.

이제 엉뚱한 것을 하나님 삼는 일은 멈추어야 합니다. 하나님 자리를 세상 것들로 채워서 갈증을 없애겠다는 발상 자체를 지워 버려야 합니다. 전능하신 하나님 외에는 그 무엇도 하나님이 될 수 없습니다.

모든 것을 제자리로 돌려보내십시오. 섬길 분을 섬기고 사랑할 것을 사랑하고 쓸 것을 쓰십시오! 우리가 믿고 섬길 분은 하나님 한 분밖에 없음을 또다시 되새기십시오!

더 이상은 엉뚱한 것을 하나님 삼지 말아야 합니다.

36
그래도 하나님은 우리의 아버지시다

또 그들이 자기들을 위하여 송아지를 부어 만들고 이르기를 이는 곧 너희를 인도하여 애굽에서 나오게 한 신이라 하여 하나님을 크게 모독하였사오나 주께서는 주의 크신 긍휼로 그들을 광야에 버리지 아니하시고 낮에는 구름 기둥이 그들에게서 떠나지 아니하고 길을 인도하며 밤에는 불기둥이 그들이 갈 길을 비추게 하셨사오며 또 주의 선한 영을 주사 그들을 가르치시며 주의 만나가 그들의 입에서 끊어지지 않게 하시고 그들의 목마름을 인하여 그들에게 물을 주어 사십 년 동안 들에서 기르시되 부족함이 없게 하시므로 그 옷이 해어지지 아니하였고 발이 부르트지 아니하였사오며 또 나라들과 족속들을 그들에게 각각 나누어 주시매 그들이 시혼의 땅 곧 헤스본 왕의 땅과 바산 왕 옥의 땅을 차지하였나이다 _9:18-22.

한때 여성신학자들이 하나님을 지칭하는 대명사는 남성 대명사 그He로 쓸 것이 아니라 그 혹은 그녀He/She로 써야 한다고 주장하여 일부 학자들은 아직도 그렇게 표기하고 있습니다. 그것은 하나님의 성性이 남자로 국한되는 데 대한 불만일 수도 있지만, 그분의 속성에 대한 진정하고도 포괄적인 이해의 방편으로 본다면 동의할 여지가 있는 부분입니다. 정말 하나님은 강하고 엄격한 부성애만의 하나님이 아니고 자상하고 섬세한 모성애의 하나님이시기도 합니다. 그래서 유교권의 신자들에게 그려지는 남성적 하나님은 자칫 하나님 상像을 왜곡시킬 수도 있습니다. 사실 우리 하나님께서는 자녀가 앓을 때 밤을 꼬박 새면서 계속 돌보시는 어머니 같은 모습도 얼마든지 있습니다. 그 모두를 포함하여 분명한 사실은 하나님은 우리 아버지시라는 것입니다. 나의 가장 가까운 피붙이 '아버지'라는 말에 하나님의 모든 것을 느낄 수 있어야 합니다. 우리가 변수變數라면 아버지 하나님은 언제나 상수常數입니다.

한때 송아지를 신으로 떠받들었던 이스라엘 백성들은 자기들의 과오를 등골이 시릴 만큼 느끼고 있습니다. 뒤늦게라도 자신들을 제대로 본 안목이 다행스럽습니다. 그런 가운데 이제부터 백성들은 진정한 감사와 함께 돌보심에 대한 자신들의 마음을 표현하기에 이릅니다. 늘 깨닫는 것이지만 하나님의 자리에서 보는 인간들의 행태란 한순간도 역겹지 않을 때가 없을 것입니다. 하나님의 발자취를 따라가 보면 거기엔 사랑의 흔적으로 가득합니다. 반대로 인간의 발자취는 그 자국마다 배신으로 찼다 해도 과장이 아닙니다. 그런 모습을 보면 당장에라도 내치고 싶겠지만 하나님은 당신이 누구시라는 것을 한순간도 잊지 않으십니다. 하나님은 아버지십니다. 아버지란 지금의 자녀가 있게 한 장본인입니다. 자녀가 어떤 모습을 보이든 아버지는 할 일을 합니다. 바로 하나님은 우리에게 그런 모습을 일관성 있게 보여 주셨습니다.

아들이 더없는 패륜아임에도 아버지는 그를 광야에 버려두지 않았습니다. 낮에는 더울까 구름으로 해를 가려 주었고, 밤에는 추울까 불을 활활 피워 주었습니다. 아무리 가르쳐도 변할 줄 모르는 아들이지만 언젠가는 나아지겠지 하며 밤마다 붙잡고 가르쳤습니다. 행여 배고플 새라 만나를 계속 먹이고 목탈 새라 언제든 시원한 물을 먹였습니다. 일기 변화가 심한 가운데 옷은 언제나 단단히 챙겨 입혔고 땅이 고르지 못한지라 신발은 늘 두꺼운 가죽을 대주었습니다. 그렇게 40년 동안 단 하루도 혼자 두거나 굶거나 춥거나 목마르게 하지 않았습니다. 아들은 끊임없이 못된 짓을 해도 아버지는 자기 일을 단 한 번도 쉰 적이 없습니다.

그런 모습을 보면 어린 아들의 한 손을 굳게 잡은 아버지의 강인한 팔뚝이 떠오릅니다. 아들이 제아무리 못된 짓을 하고 아버지에게서 벗어나려 해도 아버지의 손은 아들을 굳게 잡고 있고 그 강한 힘에 아들은 울타리 쳐진 공간 안에서만 오갈 뿐인 것입니다. 아버지는 힘이 셉니다. 그래서 절대로 아들의 손을 놓치는 법이 없습니다.

감사하다는 말 없이 알아만 줘도 위로가 될 때가 있습니다. 그간의 패륜적 행위를 이실직고하고 그럼에도 버리지 않은 아버지를 이제야 제대로 기억하는 이스라엘의 모습에 하나님은 기뻐셨을 것입니다. 느헤미야 시대 백성의 이런 자각과 고백은 지금 이 순간에도 우리의 입을 통해 계속되어야만 합니다.

하나님에 대한 이해를 바꾸고 더 확고하게 해야 할 때입니다. 하나님이 우리의 피붙이 아버지라는 것을 잊지 말아야 합니다. 물론 우리 모두는 탕자 아들과 같다는 것을 부인할 수 없습니다. 그래서 때로는 미리 자기 상속분을 달라는 불효막심한 모습이 연상될 수도 있고, 그렇게 아버지로부터 빼앗다시피 해서 그것을 탕진하는 우리 모습이 떠오를 수도 있습니다. 하지만 우리가 기억해야 될 것은 그런 게 아닙니다. 먼 지방으로 가서 재산을 낭비하는 아들을 안타깝게 그리워하는 아버지의 마음, 그리고 뒤늦게 품꾼이 될 마음으로 돌아오는 아들을 멀리서 보고 맨발로 달려 나오는 그 아버지의 기뻐하시는 모습을 기억해야 합니다.

그리고 염치없지만 아버지의 그 따뜻한 환영을 받아들이는 아들의 모습, 그게 우리가 되어야 합니다. 아버지는 다른 사람이 아니고 내 아버지고 나는 그분의 아들입니다. 두들겨 맞더라도 집으로 돌아와야만 아들인 것입니다.

자녀를 버리는 아버지는 없습니다. 우리는 그동안 저지른 허물 때문에 나서기 부끄러워하지만 그래도 하나님은 그 앞으로 나오기를 기다리십니다. 그 아버지 앞에 나아가야 할 때입니다.

우리가 어떤 모습이든 하나님은 우리 아버지십니다

37
나쁜 습관은
처음에 차단해야 한다

다시 주의 율법을 복종하게 하시려고 그들에게 경계하셨으나 그들이 교만하여 사람이 준행하면 그 가운데에서 삶을 얻는 주의 계명을 듣지 아니하며 주의 규례를 범하여 고집하는 어깨를 내밀며 목을 굳게 하여 듣지 아니하였나이다 그러나 주께서 그들을 여러 해 동안 참으시고 또 주의 선지자들을 통하여 주의 영으로 그들을 경계하시되 그들이 듣지 아니하므로 열방 사람들의 손에 넘기시고도 주의 크신 긍휼로 그들을 아주 멸하지 아니하시며 버리지도 아니하셨사오니 주는 은혜로우시고 불쌍히 여기시는 하나님이심이니이다 9:29-31.

호수 지대의 한적한 길을 운전하다가 앞 차들이 멈추는 바람에 차를 세운 적이 있었습니다. 웬일인가 봤더니 물오리들이 길을 막고 서 있었는데, 먹을 것을 달라고 사람들에게 시위를 하는 중이었습니다. 사람들은 그 신기한 광경에 재미있어 하면서 물오리들에게 먹을 것을 주고는 길을 내고 지나갔습니다. 생각해 보면 처음 그런 일이 생겼을 때 버릇을 들이지 않았다면 있지도 않았을 일입니다. 습관을 그렇게 들이니 동물들이 사람에게 계속 요구하는 것입니다. 그런 일이 계속되면 물오리들은 스스로 먹이를 구하는 법을 점점 잊게 될 것이고 결국은 멸종될 수밖에 없을 것입니다. 그것은 동물 사랑도 아닌 게 됩니다. 습관이란 길들이는 주체나 길드는 본인이나 처음에 잡아야지, 놔두면 점점 관성이 생기고 그것은 자칫 운명으로 굳어질 수도 있음을 알아야 합니다.

가끔 인간의 자유란 어느 정도까지는 처음부터 프로그래밍되어 있었다면 더 낫지 않았겠나 싶을 때가 있습니다. 하나님이 태초부터 부여하신 자유의지란 선하게 사용되는 경우는 별로 없고 악한 데 쓰이는 경우가 많기 때문입니다. 그럴 바에는 거기에 제약을 두어 어느 한계 이상은 접근조차 할 수 없도록 해 두었더라면 그게 유익했겠다 싶은 것입니다. 그러나 하나님의 뜻은 인간에게 완전한 자율을 허락하시되, 자신을 창조한 하나님을 믿든지 거부하든지까지로 그 선택의 폭을 넓히셨습니다.

그 깊은 뜻을 짧은 우리 소견으로는 이해하기 어렵지만 그 이면엔 당신의 자녀들에 대한 믿음이 바탕이 되어 있지 않았나 생각됩니다. 실상 하나님이 우리를 믿어 주시는 그 믿음에 비하면 우리가 하나님을 믿는 믿음은 새 발의 피입니다. 문제는 하나님의 그 신뢰감을 우리는 항상 역이용한다는 것입니다. 참아 주시고 기다려 주시고 용서해 주시는 하나님의 성품을 미리 계산하고 제 맘대로 산다는 것입니다. 어차피 용서받을 일이라는 것입니다. 하지만 거기에 인간이 계산 못하는 것이 있습니다. 배반이나 방황이나 죄 자체는 용서받을 수 있는지 모르지만 그 대가는 본인이 치러야 한다는 것입니다. 즉 자신이 뿌린 씨는 자신이 거두게 되고 그것은 필연적으로 본인이 먹게끔 되어 있습니다. 용서하시는 것도 하나님의 법칙이라면 죄의 열매를 본인이 먹는 것 또한 하나님의 법칙입니다. 그래서 성경을 펴면 이런 순환이 처음부터 끝까지 이어지는 것을 보게 됩니다. 그러니까 은혜, 배반, 고통, 회복의 순환이 계속 반복된다는 것입니다. 하나님께서 은혜 주실 때 본분을 잊지 않고 하나님을 경외하면 아무 탈 없을 것을, 인간은 자신들이 누리는 복을 스스로 냈다고 생각하고 남용합니다. 죄에 빠지는 것은 필연이고 그 대가로 극심한 고통을 겪게 되고 그제야 다시 하나님을 기억해서 부르짖으면 하나님께서는 선지자를 보내시든 당신이 직접 나서시든 긍휼을 베푸셔서 구원해 주십니다. 그렇게 회복된 후엔 다시는 전철을 밟지 말아야 하는데 얼마간 지나면 또 그 은혜를 잊고 죄에 빠져 자기들 소견에 옳은 대로 살아가는 것입니다. 이래서 인간의 역사란 습관이 되고 그 습관이 반복되자 이제는 그 모습이 숙명처럼 굳어지게 된 것입니다. 우리와 하나님 사이에 벌어지는 이 일은 세월이 흘러도 조금도 달라지지 않고 있습니다. 처음 아담의 때부터 죄의 습관을 잘랐어야 했는데 막지 못한 것이 인간의 운명처럼 굳어졌습니다. 그래서 인간이 저지른 죄의 습관이 예수님을 십자가로 내몬 것입니다.

느헤미야와 에스라 같은 훌륭한 지도자의 영적 우산 아래에서 이스라엘 백성들의 자각은 더 깊어져 가고 있습니다. 과오가 솔직하게 드러나고 그런 고백들이 공동체 모두에게 공감을 일으키면 거기엔 반드시 회복이 일어나게 되어 있습니다. 긴 죄악의 역사를 회고하는 일도 이제는 막바지까지 왔습니다. 자신들의 습관에 관성이 붙게 돼서 파멸하는 일이 앞으로는 없도록 함께 마음을 다잡는 모습입니다.

좋은 것이든 나쁜 것이든 습관이란 계속 발전하게 되어 있습니다. 그리고 그것은 결국 운명을 결정짓는 데까지 이릅니다. 좋은 습관이 운명이 되는 것은 바람직하지만 나쁜 습관이 그리 되도록 두는 것은 끔찍한 일입니다. 자자손손이 복 받거나 저주 받는 것은 대단한 것에서 갈리는 게 아니라 하찮은 것에서 비롯됩니다.

선악과 하나 따먹는 게 뭐 그리 대단한 일이겠냐 하겠지만 그게 죄 짓는 습관의 효시가 되고, 나아가 비극의 씨앗이 되리라는 것을 하와는 전혀 알지 못했습니다. 그리고 그 결과는 지금 인류가 혹독하게 겪고 있습니다.

나쁜 것으로 판단되는 것은 습관이 되기 전 초장에 잘라야 합니다. 그냥 두면 그 습관은 어느 순간엔가 자신의 운명을 결정짓게 됩니다. 오직 예배하는 일, 기도하는 일, 묵상하는 일 같은 것들만 습관으로 둘 일입니다.

나쁜 습관은 처음부터 차단해야 합니다.

6부

분별력 있는 지도자

과오가 솔직하게 드러나고 그런 고백들이
공동체 모두에게 공감을 일으키면
거기엔 반드시 회복이 일어나게 되어 있습니다.

38
너 자신을 아는 게 힘이다

우리 왕들과 방백들과 제사장들과 조상들이 주의 율법을 지키지 아니하며 주의 명령과 주께서 그들에게 경계하신 말씀을 순종하지 아니하고 그들이 그 나라와 주께서 그들에게 베푸신 큰 복과 자기 앞에 주신 넓고 기름진 땅을 누리면서도 주를 섬기지 아니하며 악행을 그치지 아니하였으므로 우리가 오늘날 종이 되었는데 곧 주께서 우리 조상들에게 주사 그것의 열매를 먹고 그것의 아름다운 소산을 누리게 하신 땅에서 우리가 종이 되었나이다 우리의 죄로 말미암아 주께서 우리 위에 세우신 이방 왕들이 이 땅의 많은 소산을 얻고 그들이 우리의 몸과 가축을 임의로 관할하오니 우리의 곤란이 심하오며 우리가 이 모든 일로 말미암아 이제 견고한 언약을 세워 기록하고 우리의 방백들과 레위 사람들과 제사장들이 다 인봉하나이다 하였느니라9:34-38.

가까운 친구가 소크라테스의 "너 자신을 알라"와 프란시스 베이컨의 "아는 것이 힘이다"란 두 경구를 합성한 "너 자신을 아는 것이 힘이다"라는 말을 농담 반 진담 반으로 충고해 준 적이 있습니다. 사실을 넘어 진리에 가까운 경구라는 생각이 듭니다. 세상에는 다 아는데 자기만 모르는 경우도 있고 다 모르더라도 자기만 아는 경우도 있습니다. 전자는 바보 취급을 받아 조롱당하지만 후자는 관심과 존경을 받습니다. 병법에서도 지피지기知彼知己가 승리의 요건이 되는 것처럼 믿음생활에서도 나 자신과 하나님이 어떤 분이신지 아는 것이 해법이 됩니다. 하나님은 불변하시지만 항상 문제가 되는 것은 '나'입니다. 하나님을 아는 지식이 늘어 가야 하는 것만큼이나 나 자신이 어떤 존재인지 알아 가는 것은 중요합니다. 그렇게 나를 제대로 알고 제대로 볼 수 있을 때에야 인생의 난제들은 실마리가 풀리게 됩니다.

　초막절의 말씀 읽기로 시작된 이스라엘의 부흥은 에스라 선지자의 가르침에 회개 운동으로 번졌고 그것은 느헤미야와 온 백성들에게로 고루 퍼졌습니다. 그들은 하나님의 열심이 어떻게 이스라엘을 지켜 왔으며 백성들의 불순종과 배반이 그동안 어떤 재앙을 가져왔는지 꼼꼼히 살폈습니다. 그리고 이제 그 모두를 정리하며 새로운 시대로 도약하려고 하는 것입니다. 뭔가 새로운 일을 시도할 때 최우선으로 고려되어야 할 것은 과거사의 정리입니다. 과거사가 깔끔하지 않으면 그것이 고비 때마다 발목을 잡기 때문입니다. 2차 대전의 전후 처리를 두고 독일과 일본을 대비해 보면 그것은 극명하게 갈립니다. 진정한 참회가 있었던 독일에 대한 반감은 점점 줄어들고 있지만 그렇지 못했던 일본은 뭘 해도 늘 그 진정성을 의심받는 것입니다. 많은 사람들이 일본에서 발생되는 잦은 재해를 그 인과응보로 보는 것도 무리가 아니라는 생각이 듭니다.

오늘 이스라엘 백성들은 자기들의 그간의 못난 행태를 돌아보고 그런 모습에 종지부를 찍으려 하고 있습니다. 그동안 당했던 모진 환란들이 참으로 적지 않았지만 그 모든 결과는 자기들의 불순종과 배반에서 비롯되었다는 것을 분명히 고백하고 있는 것입니다. 이제야 그들은 자신들의 모습을 제대로 보고 있습니다. 그리고 그 끝맺음을 하나의 일치된 행동으로 보여 줍니다. 스스로 세운 언약에 모든 지도자들이 한마음으로 서명한 것입니다.

내가 누구인지 어떤 사람인지를 제대로 볼 수 있는 계기가 누구나 있어야 합니다. 그래야 수십 년을 살아도 내가 나를 모르는 오류에서 벗어날 수 있습니다. 자신을 본다는 것이 나르시스처럼 물에 비친 자기의 모습을 보고 반하는 모양이어서는 안 될 일입니다. 사람은 결코 선하지 않고 악합니다. 그런 의미에서 맹자보다는 순자의 눈이 더 정확합니다. 야곱의 얍복강 사건이 우리 각자에게 반드시 필요한 이유도 거기 있습니다. 궁지로 몰아넣으시고 네 이름이 무엇이냐 하나님이 물었을 때 야곱은 그제야 '발뒤꿈치를 잡은 자, 사기꾼, 성공을 위해 수단 방법을 가리지 않은 자'라는 뜻의 자기 이름 속에 있는 자기 모습을 발견합니다. 즉 이름처럼 살아온 자신의 휘어진 삶을 본 것입니다. 그러자 하나님이 이스라엘이라는 새 이름을 주시고 그에게 새 삶을 부여하셨습니다.

말씀 앞에서 자신의 적나라한 모습을 봐야 할 때입니다. 언제든 스스로 기회를 만드는 것이 덜 아픕니다. 뭔가에 밀려 끝자락에 하게 될 때는 더 아프고 뒤끝은 오래갑니다. 스스로가 자기 속에서 나와 멀리 떨어져 자기를 볼 때입니다. 그런 작업을 위해 아무것도 하지 않고 자신을 가만히 두는 시간이 필요합니다.

그래서 하나님을 알고 자기를 알고 거기서 얻는 소명 따라 자기 길을 가야 할 때입니다.

나 자신을 아는 게 힘입니다.

39

약속이란
마음에 도장 찍는 것이다

우리가 이 모든 일로 말미암아 이제 견고한 언약을 세워 기록하고 우리의 방백들과 레위 사람들과 제사장들이 다 인봉하나이다 하였느니라 그 인봉한 자는 하가랴의 아들 총독 느헤미야와 시드기야, 스라야, 아사랴, 예레미야, 바스훌, 아마랴, 말기야, 핫두스, 스바냐, 말룩, 하림, 므레못, 오바댜, 다니엘, 긴느돈, 바룩, 므술람, 아비야, 미야민, 마아시야, 빌개, 스마야이니 이는 제사장들이요, 또 레위 사람 곧 아사냐의 아들 예수아, 헤나닷의 자손 중 빈누이, 갓미엘과 그의 형제 스바냐, 호디야, 그리다, 블라야, 하난, 미가, 르홉, 하사뱌, 삭굴, 세레뱌, 스바냐, 호디야, 바니 브니누요, 또 백성의 우두머리들 곧 바로스, 바핫모압, 엘람, 삿두, 바니, 분니, 아스갓, 베배, 아도니야, 비그왜, 아딘, 아델, 히스기야, 앗술, 호디야, 하숨, 베새, 하립, 아나돗, 노배, 막비아스, 므술람, 헤실, 므세사벨, 사독, 얏두아, 블라댜, 하난, 아나야, 호세아, 하나냐, 핫숩, 할르헤스, 빌하, 소벡, 르훔, 하사나, 마아세야, 아히야, 하난, 아난, 말룩, 하림, 바아나이니라 _9:38-10:27.

한 사회를 구성하는 사람들이 함께 살아가자면 질서를 위한 약속이 필요합니다. 그것이 법규인데 만약 이것을 지키지 않으면 제재를 받게 되어 있습니다. 현대 사회는 그 법규 자체도 너무 복잡하고 세분화돼서 법조인이 아니라면 다 알기도 힘듭니다. 그런데 그런 성문화된 법 말고도 세상엔 또 다른 법이 있습니다. 인간의 정서 속에 본능적으로 작동되는 마음의 법인데 이것은 안 지킨다 해도 제재를 받지는 않지만 대신 소중한 것들을 잃게 됩니다. 이것은 양심이랄 수도 있고 도덕 또는 윤리라고도 할 수 있습니다. 하나님이 주신 믿음 또한 안 지킨다 해서 제재받지는 않지만 풍요와 안정을 잃게 되고 결국 사는 의미마저 모호해집니다. 이 모든 것을 지킬 수 있는 것은 단 한 가지, 자신과의 약속입니다. 그래서 자신과의 약속이란 결심이고 결심이란 곧 자기가 세운 법에 스스로 도장 찍는 일입니다. 도장을 찍는다는 것은 고칠 수도 없고 또 반드시 수행해야 한다는 것을 뜻합니다. 혼미한 세상을 살아가는 우리에게 지금 가장 필요한 일은 바로 그 도장을 찍는 일입니다.

짧지 않은 시간 동안 자신들의 과오를 떠올리고 그 가운데 베풀어진 회복을 상기한 이스라엘 백성들은 이제 절대로 허물지 않을 하나님과의 약속을 세우고 거기에 인봉印封하는 일을 치릅니다. 이번에도 느헤미야는 거기에 서명한 84명의 명단을 기록으로 남겨 두고 있는데, 물론 이 봉인은 당사자들뿐 아니라 백성을 대표한 약속이었습니다. 이제 이스라엘 공동체 모두는 이 약속을 지키면서 살게끔 되었습니다.

알고 보면 우리 또한 인생의 순간마다 계속 이런 약속을 하면서 살아왔습니다. 물론 지키는 것과 지키지 않는 약속이 교차되었고 그때마다 뿌듯함과 실망감 또한 널뛰듯 있어 왔던 것이 사실입니다. 그 내용을 들여다보면, 내게 유익한 쪽은 잘 지켜지지만 하나님과 이웃을 향한 쪽은 시간이 지날수록 지켜지지 않는다는 것을 알 수 있습니다. 약속이란 그 어떤 것이라도 지켜야 하는 것이지 편의에 따라 바뀐다면 그것은 약속이랄 수 없습니다.

특히 이 일에 있어 보일 듯 말 듯 변해 가는 것을 경계해야 합니다. 약속하고 결심한 일이 처음에는 잘 지켜집니다. 그러나 환경의 변화에 따라 스스로 조금씩 원칙을 변경시켜 나가고, 자책하는 일 역시 점점 드물어집니다. 즉 원칙을 어기는 자신에게 점점 관대해져 갑니다. 나중에는 스스로 한 약속이라도 처음과는 그 내용이 완전히 달라져 있는 것을 보게 됩니다. '합리'라는 이름의 변경된 약속은 사실은 '약속 파기'와 다름없는 허깨비 약속으로 추락하게 된다는 것입니다.

아울러 그런 변화에 한몫 더하는 것이 위기가 올 때입니다. 늘 하는 말처럼 원칙이나 약속은 상황에 관계없이 지켜져야 하는 것인데 위기가 오면 모두들 그 적용을 해제합니다. 즉 평소보다 위기를 극복하기 위한 게 원칙이고 약속인데, 정작 그게 필요한 시점에서는 그것을 스스로 깨뜨린다는 것입니다. 이것은 개인사나 인류 역사나 똑같이 그렇게 내려왔습니다.

이스라엘 백성들 편에서 이 문제를 거론하자면, 위기 때뿐 아니라 너무 편할 때도 이런 일이 생겼다는 것을 눈여겨보지 않을 수 없습니다. 가나안을 눈앞에 둔 모세의 근심이 바로 그것이었습니다. 광야에서야 바랄 것이 하나님밖에 없어서 그분을 섬기고 예배하지만, 가나안 땅에 정착해서 살 만하게 되면 이스라엘 백성들은 언약을 파기하고 분명히 딴짓을 할 것이었습니다. 물론 백성들로서는 천부당만부당한 얘기였겠지만 일은 결국 모세가 우려한 대로 흘러갔습니다. 약속이란 그렇게 위기가 올 때나 또는 지나친 안정이 와도 지키기 어렵게 됩니다. '절대 절대로' 약속을 깨지 않겠다 다짐했던 사람들도 나중에 보면 '절대 절대로' 지키지 않는 것을 봅니다.

이 일에 대해서도 우리의 능력으로 해결할 수 있는 일이란 없어 보입니다. 다만 위기가 오든 안정이 오든 처음 스스로 세운 약속을 지킬 수 있는 오롯한 마음을 달라고 기도해야 할 것입니다. 우리가 기도하면 성령께서는 늘 우리 일을 담당해 주십니다. 내가 할 수 있는 일은 없지만 내 속에 거하시는 성령 하나님은 전능하십니다.

위기가 와도 약속은 지켜야 하고 안정이 와도 약속은 지켜야 합니다. 그래야 되는 이유는 그게 우리를 지켜 주기 때문입니다. 스스로 세운 약속을 지키면 그 약속 또한 우리를 지켜 준다는 것입니다. 새벽기도를 약속하고, 말씀 묵상을 약속하고, 헌신을 약속했다면 그 행함이 우리를 우리답게 해줄 것입니다.

하나님이 우리에게 원하시는 모습이란 그렇게 스스로 세운 약속을 지키는 것입니다. 물론 그 약속이란 나를 위한 것이 아니라 하나님과 형제를 위한 것이 될 것입니다. 그렇게 약속 앞에서 자신에게는 더 철저해지고 이웃에게는 관대해져 가는 모습이 우리의 지향할 바입니다.

이제 오래전 파기시켰던 약속을 다시 세우십시오! 오래전에 찍어 바래진 도장 위에 새 도장을 다시 찍으십시오! 그렇게 결심해서 다시 세운 약속 앞에 마음을 인봉하십시오!

약속이란 그렇게 내 마음 깊은 곳에 도장을 찍는 것입니다.

40
계명은 우리를 위한 것이다

그 남은 백성과 제사장들과 레위 사람들과 문지기들과 노래하는 자들과 느디님 사람들과 및 이방 사람과 절교하고 하나님의 율법을 준행하는 모든 자와 그들의 아내와 그들의 자녀들 곧 지식과 총명이 있는 자들은 다 그들의 형제 귀족들을 따라 저주로 맹세하기를 우리가 하나님의 종 모세를 통하여 주신 하나님의 율법을 따라 우리 주 여호와의 모든 계명과 규례와 율례를 지켜 행하여 우리의 딸들을 이 땅 백성에게 주지 아니하고 우리의 아들들을 위하여 그들의 딸들을 데려오지 아니하며_10:28-30.

삶을 지혜롭게 살아가는 방법 중 하나는 어떤 일이든 그 의도를 명확하게 파악하는 데 있습니다. 본질을 알고 속뜻을 알면 실천하기는 훨씬 수월해지고 그 행함의 수혜는 결국 본인에게 돌아옵니다. 여기서 오해가 생겨 삶의 문제들이 틀어지는 것입니다. 하나님이 우리더러 지키라고 하신 각종 명령이 그 대표적인 예입니다. 많은 사람들이 그리는 하나님 상은 결코 자애롭거나 인자하지 않습니다. 저주와 질투로 꽁꽁 묶인 고집쟁이 영감으로 그리는 경우가 허다합니다. 그것은 여러 계명이 하나님 자신을 위한 것이라고 생각하는 오해에서 비롯된 것입니다. 하나님의 그 모든 명령과 규례들은 결코 하나님 자신을 위해서가 아니라 피조물인 사람을 위한 것입니다. 즉 하나님 좋자고 제정한 게 아니라 사람 좋자고 만드신 것이라는 얘기입니다. 하나님은 당신 자체로도 완전한 분이시라 다른 것을 더할 필요가 없으십니다. 인간의 관심과 사랑 또한 없어도 그만이고 그 어떤 영향도 주지 않습니다. 다만 자녀들에게 복 주시기 위한 방편으로 계명을 지키라는 것입니다. 그러므로 생각을 잘해야 합니다. 하나님을 기쁘게 해드리자는 마음으로 해야겠지만 아직 그 수준에 못 미친다면 본인이 받을 혜택을 위해서라도 계명을 실천해 보라는 것입니다. 물론 이것은 자칫 복만 구하는 기복주의로 흐를 가능성을 배제할 수는 없습니다. 하지만 순수로 향한 과정임을 바탕에 깐다면 한번 실험할 가치가 있습니다. 분명합니다. 그 번거로운 계명들은 잘 지키면 우리가 좋고 우리에게 모든 혜택이 돌아옵니다. 그러다 보면 어느 땐가는 별 조건 없이도 하나님을 사랑하는 자신을 발견하게 될 것입니다.

하나님 앞에 견고한 언약을 세워 서명하고 인봉한 이스라엘 백성들은 이제 구체적 실천을 위한 각론을 세웁니다. 언제든 첫 번째 것이 전체의 성격을 규정합니다. 따라서 맨 앞의 내용이 뭐냐 하는 것은 그 공동체가 어떤 성격인지를 한눈에 알아보게 해줍니다. "이방 사람과 절교하고"(10:28)라는 사실과 자신의 자녀들을 이방 백성과 결혼시키지 않겠다는 것이 쌍을 이루면서 그들이 결심한 첫 번째 일이라는 것을 선언하고 있습니다. 이것은 시내산에서 받은 계명 중 "너는 나 외에는 다른 신들을 네게 두지 말라"(출 20:3)라는 첫 계명과도 관련되어 있습니다.

하나님 외에 다른 신을 두지 않는 것과 이방 백성들과의 절교 및 통혼 금지는 모두 자각의 우선순위와 관계 있습니다. 즉 인간의 지식 중 최초의 것은 '근본을 아는 일'입니다. 우리가 누구로부터 왔고, 무슨 힘으로 살아가는지를 알아야 한다는 것입니다. 그것을 모르면 자신이 누구이며 어디로부터 비롯되었는지 알 수 없고, 그러면 필연적으로 자기 세계에 빠져 제 생각대로 살게 됩니다. 죄를 짓는 것은 수순이고 우리가 아는 대로 죄는 반드시 그 대가를 치러야만 합니다. 비극이 벌어지는 것 또한 정해진 수순인 것입니다. 어린 시절, 어르신들이 혼담을 두고 하시는 말씀 중 '그 집은 근본이 없는 가문이야' 하시는 말씀 역시 본인들이 나름대로 세워 둔 기초적 덕목에 못 미친다는 얘기라는 생각이 듭니다.

우리는 하나님께로부터 왔고 하나님으로 인해 살아가며 하나님께로 돌아가는 인생입니다. 그 토대가 아니라면 그 어떤 것이라도 바벨탑입니다. 언젠가는 무너지게 되어 있고 그 끝은 허무해집니다. 그러므로 하나님을 기쁘게 해드리는 삶을 굵은 줄기로 둔다면 나머지 잔가지는 그리 중요한 게 없습니다. 반대로 이것을 알지 못하면 제아무리 큰 성과를 거두었다 하더라도 인간의 시각이지 하나님의 시각은 아닌 것입니다. 잠깐이요 영원하지 않습니다.

오늘 이스라엘 백성이 지켜야 될 첫 번째 문제로 대두된 결혼의 문제도 알고 보면 다 여기에 뿌리를 두고 있다는 것을 알 수 있습니다. 신앙이 다르면 문화도 다르고 생각도 달라집니다. 세상과 인간을 창조하신 하나님이 인생의 전부를 주관하신다는 믿음을 가진 사람들과 모든 게 인간 자체로 생성되고 살아가고 죽어 간다는 이방신들의 관觀은 그 어떤 것으로도 합쳐지지 않습니다. 그리고 그 둘 사이에 벌어진 틈은 인간의 정서로 노력한다 해서 메울 수 있는 성질의 것이 아닙니다. 같은 신앙을 가진 남녀라도 결혼해서 무수한 시행착오를 거치는데 신앙마저 다르다면 거기에 따른 갈등은 수없이 가지 치게 되어 있습니다.

그럴 때 가장 합리적인 방법은 하나님 신앙을 버리고 인간이 만든 다른 신으로 귀의하는 수밖에 없습니다. 그것이 양쪽 모두 편하기 때문입니다. 그러나 신은 하나님 한 분밖에 없으므로 다른 신은 그럴싸해 보여도 하나님이 아닌 것입니다.

이것을 알기에 오늘 이스라엘의 부모들은 자녀들의 결혼에 적극 개입할 것을 천명합니다. 낳아 주고 길러 준 권리를 행사하겠다는 의미가 아니라 하나님을 믿는 신앙의 혈통을 자자손손 이어 가겠다는 또 다른 다짐인 것입니다.

이 모두가 하나님의 명령에 따른 것이지만 그 근본이 무엇이냐를 결코 잊어서는 안 될 일입니다. 그것은 동전의 양면처럼 두 가지 다를 동시에 만족시킵니다. 한 면은 명령을 준행함으로써 하나님을 기쁘게 해드리고 영광 돌리는 것이요, 다른 한 면은 그 모든 수혜는 결국 우리에게 되돌아온다는 것입니다. 이쯤 하면 왜 계명을 즐겁게 지켜야 하며 왜 춤을 추면서 즐겁게 받아들여야 하는지 이해할 것입니다.

엄마 아빠에게 오라는 다정한 음성을 협박으로 듣는 아기는 없습니다. 하나님이 우리더러 명령을 지키라는 표정은 고집쟁이 영감의 엄격한 모습이 아니라 사랑을 담뿍 머금은 아기 부모의 얼굴입니다. 뭔가를 해주겠다고 부르시는 것이고 거기엔 달려가 덥석 안기면 그만인 것입니다.

인간을 향한 명령과 규례들은 전혀 하나님 자신을 위한 게 아닙니다.

    그 모두는 우리를 사랑해서 베풀려고 하시는 하나님의 벅찬 심정에서 비롯된 것입니다.

계명은 우리를 위한 것입니다.

41
일과 쉼은 명확해야 한다

혹시 이 땅 백성이 안식일에 물품이나 온갖 곡물을 가져다가 팔려고 할지라도 우리가 안식일이나 성일에는 그들에게서 사지 않겠고 일곱째 해마다 땅을 쉬게 하고 모든 빚을 탕감하리라 하였고 _10:31.

많은 현대인들이 일중독에 시달리고 있습니다. 실제 일 자체에 빠져 거기에 골몰하는 것보다는 일해야 한다는 강박관념 때문에 쉴 때도 맘 편히 못 쉬는 증세가 문제가 되고 있습니다. 일을 하지 않더라도 자기 자리에 와 있어야 안정이 된다는 것입니다. 믿는 이들도 예외는 아닙니다. 주일이면 일은 잊고 예배드려야 합니다. 그래야 하나님이 공급하시는 새 힘으로 또 한 주를 기쁘게 맞이하는 것입니다. 따라서 혼잡케 하고 모호하게 하는 마귀의 영에 빠져서는 안 될 일입니다. 마귀는 언제나 쉴 때는 일을, 일할 때는 쉼을 생각하도록 유혹합니다. 그래서는 상하기만 할 뿐 아무것도 이룰 수 없습니다. 쉴 때 쉬고 일할 때 일해야 합니다. 단순히 일의 효율을 위해서가 아닙니다. 그것은 하나님의 명령이고 거기엔 또 다른 뜻이 숨어 있습니다.

　계속해서 이스라엘 백성들이 하나님 앞에 서약하고 있는데 이번엔 안식일에 관한 것입니다. 하나님을 믿지 않는 페르시아에서의 삶이야 말할 것도 없지만 예루살렘으로 귀환해서도 그들은 안식일을 썩 잘 지키지 않은 것 같습니다. 이방 문화에 동화되었던 그 땅의 남은 사람들에게 영향 받았을 것입니다. 그 모든 잘못된 것을 회개하고 이제부터라도 안식일을 안식일답게 지킬 것을 맹세합니다. 혹 안식일에 그 땅 백성이 장을 열더라도 사지 않겠다고 다짐합니다. 수요가 없으면 공급도 없게 되므로 거래는 중단될 것입니다. 나아가서 일곱 해마다 땅을 쉬게 하는 것과 모든 빚을 탕감하라는 율법도 지킬 것을 서약합니다. 그렇게 이스라엘의 안식일과 안식년은 본래 모습을 되찾게 되었습니다.

하나님이 주신 다른 율법처럼 이 안식 또한 그 근저에는 우리를 위하심이 있다는 것을 잊어서는 안 됩니다. 모든 하나님의 규례와 계명들은 결국 우리에게 복이 되게 하시려는 주님의 배려임을 꼭 기억해야 합니다. 안식일의 문제도 마찬가지입니다. 하나님은 우리의 몸이든 영혼이든 당신을 바라보고 살도록 창조하셨습니다. 그래서 엿새는 우리 삶을 살아야 하지만 하루는 반드시 쉬면서 주님과 교제해야 하는 것입니다. 분명한 것은 일하는 것만 우리의 삶이 아니라 쉬는 것도 우리의 삶이라는 것입니다. 그것은 마치 악보에 나와 있는 무수한 음표들만 음악이 아니라 가끔씩 나오는 쉼표 역시 음악인 것과 마찬가지입니다.

그것은 인간이 좋아하는 효율성의 문제에서도 최고 최선이라는 것이 증명됐습니다. 러시아에 페레스트로이카가 진행된 후 생산성을 위해 열흘에 한 번씩 휴일을 제정했다가 다시 원래대로 환원시킨 것입니다. 하나님이 정해 놓으신 법칙들은 인간을 가장 잘 아시는 하나님의 생각이십니다. 하나님의 지혜는 바늘 틈만큼도 인간이 끼어들 여지가 없도록 정확하십니다.

이 안식일에 관해 이 모든 것 위에 한 가지 더 알아야 될 것이 있습니다. 그것은 우리에게 거듭 욕심을 버리라는 메시지인 것입니다. 사실 쉼을 누리지 않으려는 인간의 의도 속엔 욕심이 들어 있습니다. 더 소유하고 더 차지하려는 것입니다. 따라서 정말 뭔가를 제 힘으로 해보려는 사람에게 하루의 휴무란 있을 수 없는 일입니다. 하지만 주님의 뜻은 명백합니다. 여섯 날은 자기 소유로 두되 하루만큼은 그 소유를 내려놓으라는 것입니다. 그리고 주님께 예배드림으로 그 모든 소유가 하나님께 있음을 확인하라는 것입니다. 이것이 안식일의 숨은 뜻입니다. 그것은 안식년도 마찬가지입니다. 그 사실을 잊고 쉼 없이 일하는 것은 오히려 쇠하는 지름길입니다. 이는 하나님의 창조 섭리를 어기는 것이요, 소유가 하나님께 있음을 부정하는 것이요, 우리를 향한 주님의 배려를 우습게 만드는 행위입니다.

무엇보다 안식일의 주인은 하나님이십니다. 안식일은 주님의 날로서 예배드리는 일이 최우선입니다. 예배 가운데 주님의 임재와 영광을 느끼고 거기서 기쁨을 누리는 것이 참된 휴식입니다. 주일은 예배드리는 날이요 다른 날은 일하는 날입니다. 일하는 것도 아니고 쉬는 것도 아닌 이상한 동거를 청산하십시오! 쉬는 것과 일하는 것을 혼잡게 하는 것은 죄악입니다!

주일은 예배가 최우선입니다. 그때 주님이 주시는 참 평안과 안식을 풍성히 누리십시오!

쉬는 것과 일하는 것은 명확해야 합니다.

42
예배는 믿음생활의 0순위다

우리가 또 스스로 규례를 정하기를 해마다 각기 세겔의 삼분의 일을 수납하여 하나님의 전을 위하여 쓰게 하되 곧 진설병과 항상 드리는 소제와 항상 드리는 번제와 안식일과 초하루와 정한 절기에 쓸 것과 성물과 이스라엘을 위하는 속죄제와 우리 하나님의 전의 모든 일을 위하여 쓰게 하였고 또 우리 제사장들과 레위 사람들과 백성들이 제비 뽑아 각기 종족대로 해마다 정한 시기에 나무를 우리 하나님의 전에 바쳐 율법에 기록한 대로 우리 하나님 여호와의 제단에 사르게 하였고_10:32-34.

한 개인이나 공동체가 어떤 사람, 어떤 성향인지를 아는 것은 어려운 일이 아닙니다. 무엇을 가장 소중하게 생각하는지를 관찰하면 됩니다. 사람은 자신에게 가장 중요한 일을 맨 앞에 두고 추진하게 되어 있습니다. 그것은 거의 본능적이기 때문에 얼마간은 감출 수 있을지 모르지만 시간이 지날수록 타인에게 간파됩니다. 그것은 믿음생활에서도 마찬가지입니다. 믿는 모습을 통해 이기적 신앙인지 이타적 신앙인지가 판가름됩니다. 흔히 믿음생활이란 원래가 하나님을 향하고 희생이 전제되는 것인데 다른 생각이 있을 수 있겠나 반문하겠지만 거기에도 분명히 각각의 색채는 존재합니다. 그리고 그것을 알 수 있는 바로미터는 예배입니다. 예배에 대한 생각과 비중이 어떠냐에 따라 그의 믿음생활 여부를 알 수 있다는 것입니다. 예배란 믿는 이들의 최초요 최후의 의무이자 권리이고, 행해야 될 가장 처음이자 마지막 것입니다. 따라서 예배는 그 자체가 수단이 아니라 목적이며, 어떤 면에서는 우리의 전부입니다.

새 시대를 맞은 이스라엘 백성들은 이제 자신들의 가장 중요한 일에 대해 서원함으로써 맹약의 정점에 이릅니다. 이스라엘 공동체는 하나님을 주主로 섬기는 예배 공동체입니다. 당연히 가장 중요한 것은 하나님께 드리는 제사입니다. 어느 시대건 백성들이 제사를 가볍게 여겨 제사가 무너지면 극심한 환란을 당했던 게 이스라엘 역사였습니다. 제사란 하나님께 희생을 드리면서 하나님을 만나고 그분의 계시를 받는 자리입니다. 그러므로 제사가 사라진다는 것은 하나님과 그 어떤 관계도 아니라는 것을 시인하는 꼴이 됩니다. 그간의 이스라엘 백성들의 가장 큰 과오는 바로 이 제사를 소중히 여기지 않았다는 데 있습니다. 그것을 참회하며 이제 제사를 회복하기 위한 구체적 요건을 마련하고 그것을 지킬 것을 다짐합니다. 성전세를 신설해서 희생제물을 마련하고 성전을 유지하도록 했고, 제단에 연중 불이 꺼지지 않도록 족속대로 정한 날에 나무를 바치기로 한 것입니다.

이것은 백성마다 또는 족속마다 보통 희생이 아니었습니다. 그러나 제사란 그런 희생을 치를 가치가 있습니다. 제사란 하나님이 기뻐하시는 것이기 때문이고 그렇게만 된다면 그 어떤 것도 아낄 일이 아닌 것입니다. 이로써 이스라엘 백성들의 회복은 마무리 단계로 접어들게 되었습니다.

하나님과 인간의 관계는 죄로 막혀서는 안 되기에 제물을 희생해서 사함 받는 제사를 드린 것입니다. 하지만 구약의 제사는 불완전한 제물에 불완전한 제사장이 집례하는 불완전한 제사였습니다. 제사는 계속 드려져야 했습니다. 그러나 신약의 제사는 예수님이 십자가에서 달리심으로 단 한 번에 영원한 제사가 되었습니다. 예수님이 제사장이 되시고 친히 제물이 되어 희생하셨으므로 흠 없는 제사가 되었던 것입니다. 즉 죄 없는 예수님의 제사는, 완전한 제사장이 완전한 제물을 드린 완전한 제사가 되었던 것입니다. 그리고 제사는 그렇게 드린 단 한 번으로 충분했습니다. 더 이상 다른 제사는 필요 없게 되었던 것입니다.

그때로부터 많은 세월이 흐르고 시대도 달라졌지만 그 제사의 정신은 우리의 예배 속에 그대로 이어져 있습니다. 우리의 예배에도 희생은 여전히 있어야 하고, 죄 사함 받는 감격은 여전해야 합니다. 한 편엔 제물의 죽는 심정이, 또 한 편엔 속죄받은 기쁨이 똑같이 있어야 한다는 것입니다. 당연히 우리의 예배 속에도 희생되는 부분이 있어야 합니다. 따라서 예배를 드린 후 자신의 물질이나 시간, 에너지 등 그 어느 것도 희생이 없었다면 그것은 예배를 드린 게 아닙니다. 다만 구경했을 뿐인 것입니다. 당연히 예배 뒤에 오는 감격 또한 있을 리 없습니다. 우리의 믿음생활이란 다른 게 아니라 날마다 예배의 비중을 높여 가는 것입니다. 그리고 그 예배가 우리의 삶으로까지 연장되도록 매 순간 의식화시키는 것입니다. 즉 예배를 맨 앞에 두는 우선순위에다 예배에 대한 의식을 점점 넓고 깊게 고쳐시켜 나가는 과정이라는 것입니다. 그래서 예배보다 앞서는 것은 아무것도 없고 예배의 중요성은 아무리 강조해도 지나치지 않습니다. 단 한 번의 예배로도 인생은 얼마든지 바뀔 수 있습니다. 하나님이 가장 기뻐하시는 것, 그 기뻐하심에 우리 또한 감격

하는 것, 그게 예배입니다.

우리는 하나님의 은혜와 사랑을 먹고 삽니다. 하나님은 우리가 진정으로 드리는 예배를 받으십니다. 그러므로 예배란 정성을 다 쏟아야 하고, 그렇게 드리는 예배란 많을수록 좋습니다. 새벽에, 수요일에, 금요일에, 주일에, 가정에서, 학교에서, 회사에서, 일터에서 예배드리십시오!

예배는 믿음생활의 0순위입니다!

43
교회를 어머니처럼 섬기라

해마다 우리 토지 소산의 맏물과 각종 과목의 첫 열매를 여호와의 전에 드리기로 하였고 또 우리의 맏아들들과 가축의 처음 난 것과 소와 양의 처음 난 것을 율법에 기록된 대로 우리 하나님의 전으로 가져다가 우리 하나님의 전에서 섬기는 제사장들에게 주고 또 처음 익은 밀의 가루와 거제물과 각종 과목의 열매와 새 포도주와 기름을 제사장들에게로 가져다가 우리 하나님의 전의 여러 방에 두고 또 우리 산물의 십일조를 레위 사람들에게 주라 하였나니 이 레위 사람들은 우리의 모든 성읍에서 산물의 십일조를 받는 자임이며 레위 사람들이 십일조를 받을 때에는 아론의 자손 제사장 한 사람이 함께 있을 것이요 레위 사람들은 그 십일조의 십분의 일을 가져다가 우리 하나님의 전 곳간의 여러 방에 두되 곧 이스라엘 자손과 레위 자손이 거제로 드린 곡식과 새 포도주와 기름을 가져다가 성소의 그릇들을 두는 골방 곧 섬기는 제사장들과 문지기들과 노래하는 자들이 있는 골방에 둘 것이라 그리하여 우리가 우리 하나님의 전을 버려 두지 아니하리라_10:35-39.

드라마 세트장이 종영 후에 흉물로 남겨져서 그 처리를 두고 고심하던 지방 자치 단체의 기사를 읽은 적이 있습니다. 한참 녹화가 진행될 때는 그곳이 문전성시를 이뤘을 것입니다. 유럽의 여러 성당도 철 지난 바닷가나 드라마를 찍은 후의 세트장처럼 썰렁합니다. 한때는 그곳도 사람들의 잦은 발길로 북적거렸을 것이고 그곳에서 살다시피 한 사람이 적지 않았을 것입니다. 초대교회의 교부였던 키프리안은 "교회를 당신의 어머니로 삼지 않는 한 하나님을 당신의 아버지로 삼을 수 없다" 했습니다. 그 말은 참으로 온당하다 하지 않을 수 없습니다. 하나님이 이 땅에 직접 만드신 제도가 둘 있는데, 하나는 가정이요 또 하나는 교회입니다. 그것은 우리가 정성을 다해 섬겨야 할 것도 그 둘이라는 얘기입니다. 그러므로 다 같이 모여 하나님을 예배하는 교회를 어머니처럼 섬겨야 하는 것은 당연한 일입니다. 교회는 시대의 모든 것을 담고 있어서 교회의 흥망은 언제나 그 사회의 흥망과 궤를 같이합니다. 교회를 정성으로 섬기고 부흥시켜야 되는 이유가 거기 있습니다.

　이스라엘 백성들의 마지막 서약은 그 어느 때보다 결연해 보입니다. 성전에 관한 것이었는데 그동안 자신들의 불신앙과 무관심으로 인해 성전은 폐허가 됐었습니다. 그런데 이제 다시는 성전을 그렇게 버려두지 않겠다는 서약을 세밀하고도 철저한 계획 아래 다짐하고 있는 것입니다. 느헤미야가 주도했을 것으로 보이는 성전에 대한 다짐은 마치 어머니를 섬기듯 세심하고 자상합니다. 제사도 제사려니와 그 성전의 관리 유지를 위해 봉사하는 제사장과 레위인들을 비롯한 모든 성전 사람들을 정성껏 섬기는 모습인 것입니다. 사실 그 사람들은 원치 않아도 할 수 없이 그 일을 떠맡는 사람들이었습니다. 태어날 때부터 레위인이고 태어나고 보니 맏아들인 것입니다. 다른 일을 해도 성공할 수 있는 인재들이 왜 없었겠습니까? 하지만 사명이기에 평생을 바치려는 것입니다. 실상은 다른 사람들이 해야 할 일을 다 떠맡은 것입니다. 그러니 그들의 생활은 백성들이 책임져 주어야 하는 것입니다. 그래서 백성들은 그들을 위해 가축의 첫새끼와 곡물들과 각종 과실의 첫 열매, 그리고 십일조를 제사장에게 바치기로 한 것입니다. 물론 이 모두는 성전에서 일하는 사람들을 위한 것입니다. 이런 것 없이 성전 맡은 이들로 하여금 스스로 버텨 나가라 한다면 결국 그들은 생업을 위해 돈벌이하러 나갈 것입니다. 그렇게 되면 하나님의 전은 다시 버려졌을 것이요 시대는 다시 암흑으로 뒤덮이게 되었을 것입니다.

어린이들은 교회가 키우고 그 어린이들은 어른이 됩니다. 그렇고 보면 믿는 이들 모두는 교회에서 양육되는 것입니다. 뒤늦게 교회 공동체에 들어온 사람이라 하더라도 교회에서 양육받는 것은 똑같습니다. 그런 뜻에서 교회가 성도의 어머니라는 교부의 주장은 백번 맞습니다. 그렇다면 어머니 된 교회를 섬기는 것은 지극히 당연한 일인 것입니다.

교인들은 교회 일을 맡은 이들을 위해 이스라엘의 열한 지파가 했던 것처럼 그들의 생계를 책임져 주어야 합니다. 그것을 소홀히 하게 되면 이스라엘의 제사장들이 그랬듯이 생활고로 인해 타락하게 되고 그 여파는 백성들에게 고스란히 되돌아갑니다. 그런 현상은 지금도 똑같이 일어납니다. 교역자들이 목회에 전념할 수 있도록 성도들은 십일조를 비롯한 각종 예물을 정성껏 드려야 합니다.

교회를 어머니처럼 섬기듯 한다는 것은 단지 헌금 생활에만 국한되지 않습니다. 교회가 계획하는 모든 일에 뛰어들어 자기 일처럼 해야 합니다. 어머니 일을 수수방관하는 자녀는 불효자입니다. 어머니 일은 곧 내 일이고 거기에 열심 내는 것은 미룰 일이 아닙니다.

하나님을 아버지로 섬기고 있습니까? 그렇다면 교회를 어머니처럼 섬기십시오! 어머니에게 불효하는 자녀를 어느 아버지인들 좋아하겠습니까? 아버지를 가장 기쁘게 하는 것은 어머니를 정성껏 모시는 일입니다.

내 교회를 내 어머니처럼 섬기십시오!

44
교회가 먼 것이 아니라
집이 먼 것이다

백성의 지도자들은 예루살렘에 거주하였고 그 남은 백성은 제비 뽑아 십분의 일은 거룩한 성 예루살렘에서 거주하게 하고 그 십분의 구는 다른 성읍에 거주하게 하였으며 예루살렘에 거주하기를 자원하는 모든 자를 위하여 백성들이 복을 빌었느니라_11:1-2

우리는 자기중심으로 생각하는 경우가 많습니다. 객관적으로 봐야 할 것을 주관적으로 볼 때 그런 일이 생깁니다. 우리가 외국에 살면서 "한국은 너무 멀어!"라고 말할 때, 사실 우리가 한국에서 멀리 떨어진 곳에 나와 사는 것이지 한국이 먼 것은 아닙니다. 고국의 친지들은 분명히 우리더러 너무 멀리 떨어져 산다고 말할 것입니다. 입장에 따라서 상황이 달라질 수밖에 없습니다. 특별히 주님의 사역에 관해서 생각할 때 우리는 하나님과 공동체의 입장에 서야지 내 중심으로 생각을 펼쳐서는 안 됩니다. 생각이 중요한 이유는 그 생각이 실천의 동기가 되기 때문입니다. 먼저는 내 입장을 고수하는 생각을 내려놓아야 할 것이고 다음은 사역에 따라 내 상황과 환경을 얼마든지 바꿀 수 있다고 다짐해야 합니다. 언제든 역사는 상황을 바꾸려는 데서가 아니라 내가 상황에 맞출 때 일어납니다.

새로 지은 집도 사람이 살지 않으면 점점 지반이 약해져 가고 그 시간이 더 오래되면 더는 살 수 없는 흉가가 됩니다. 예루살렘은 하나님의 거룩한 도성이었지만 백성들이 바벨론에 포로로 잡혀가면서 142년이나 버려진 땅으로 방치되었습니다. 성벽이 없고 돌 하나도 변변히 남아 있지 않은 땅이란 들짐승이면 몰라도 사람으로서는 도저히 살 수 없는 곳입니다. 그곳에 어떤 비전을 품고 성벽을 둘렀다 한들 그게 다는 아닙니다. 성읍이란 무엇보다 먼저 사람이 많아야 제구실을 하는 것이고 그곳에서 백성들이 생육하고 번성할 때 도시다운 위용을 갖추게 되는 것입니다.

오늘 느헤미야는 텅 빈 예루살렘에 어떻게 5만 가까운 사람이 살게 됐는지 그 구체적인 경위를 다시 밝히고 있습니다. 가장 고귀한 것은 백성들이 자기의 처지와 환경을 고려하지 않고 먼저 공동체의 상황에 맞추어 결단했다는 점입니다. 당연히 희생이 뒤따랐고 앞으로도 한동안 고단한 삶을 각오해야 했습니다. 하지만 그곳에서 장차 일어날 하나님의 뜻에 자기들을 던진 것이었습니다. 예루살렘은 다시 회복되고 이스라엘은 다윗 때의 영화를 반드시 되찾게 되리라는 것입니다. 이 일을 위해 백성의 지도자들이 가장 먼저 예루살렘에 거주하기로 했고 그 다음엔 백성들 전체가 제비를 뽑아 십분의 일이 예루살렘으로 이주하기로 했던 것입니다. 성벽이 끝나 자기들 거처로 돌아갈 줄 알았던 사람들로서는 막막함이 엄습했을 것입니다. 그래도 누구 하나 제비뽑기에 이의를 달지 않았고 그렇게 뽑힌 사람들 중 불복한 사람도 없었습니다. 아무리 예루살렘이 거룩한 성이고 고향 같은 곳이라 하더라도 당장은 폐허나 다름없는데, 그곳에서 산다는 것은 한두 가지 감수해서 될 일이 아니었습니다. 그동안 자기들이 살던 곳은 기반이 잡히고 익숙해서 편리한 곳인데 이제 거기를 떠나야 하는 것입니다. 어떻게 일군 안정인데 거기를 버리고 떠날까 생각했을 것입니다. 놀라운 것은 제비에 뽑히지도 않은 일부 백성들이 예루살렘에 살기를 자원한 것입니다. 뭇 백성들이 그들을 향해 한없는 축복을 빈 것은 당연했습니다. 이로써 예루살렘은 천년대계의 장엄한 첫 걸음을 내디뎠습니다.

새 예루살렘은 우리가 장차 갈 천국을 상징하지만 이 땅에서는 교회의 모형이기도 합니다. 따라서 예루살렘을 두고 일어나는 일은 지금의 교회에서 일어나는 일로 보면 틀림없습니다. 지금 이스라엘 백성들은 예루살렘을 중심으로 움직이고 있습니다. 우리 역시 교회를 중심으로 살아야 합니다. 예루살렘이 번영해야 한다면 교회 역시 부흥해야 합니다. 그것을 위해 지도자들이 들어오고 제사장들과 레위인들이 성전이 있는 예루살렘으로 이주합니다. 우리 또한 주의 일을 위해 교회 부근으로 이사해야 합니다. 그럴 처지가 못 된다면 차를 사든지 아니면 멀리서도 올 수 있는 건강과 열심을 달라고 기도해야 합니다.

요약하자면 "그의 나라와 그의 의를 위하여" 우리를 맞춰 나가야 한다는 말입니다. 그러나 우리의 기도 속에는 많은 부분이 "하나님! 제 생각대로 하나님 생각을 좀 바꿔 주세요!" 하는 요소가 있습니다. 이제 그런 기도와 소망은 자제해야 합니다. 무수히 기도드렸지만 지금까지도 응답의 기미가 없어 보이는 것들 중에 그런 기도가 있지 않은지 돌아봐야 합니다.

느헤미야가 다시 한 번 돋보입니다. 지혜로운 사람은 일의 순서를 잘 압니다. 순차적으로 일을 잘 진행한다는 것은 얼핏 평범해 보이지만 굉장한 능력입니다. 자신을 비롯한 지도자들과 레위인들이 예루살렘 정착을 결단하고 그래도 모자라자 백성들을 제비뽑게 한 시점은 그들의 서약이 끝난 직후였습니다. 백성들 모두 회복의 영이 충만할 때였으므로 이 어려운 일을 시도할 수 있었던 것입니다. 평소의 기도가 뒷받침되지 않았다면 일어날 수 없는 일입니다. 기도는, 특히 일상 중에 하는 기도는 모든 일을 가능케 합니다. 느헤미야에게 우리가 배울 가장 큰 가르침 중 하나는 '평소에 드리는 기도의 효능'일 것입니다.

예루살렘을 중심으로 움직인 이스라엘 백성을 본받을 때입니다. 우리 역시 교회 중심으로 살아야 할 때입니다. 하나님 뜻의 성취를 위해 백성들이 예루살렘을 향했던 것을 기억합시다. 남아 있기로 결단한 사람들은 먼 곳에서 이사 오기로 작정했습니다.

우리 역시 늘 교회를 향해야 하고, 멀어서 일하기 불편하다면 이사를 결단해야 합니다.

교회가 먼 것이 아니라 집이 먼 것입니다.

45
고마운 사람은
마음에 새겨야 한다

이스라엘과 제사장들과 레위 사람들과 느디님 사람들과 솔로몬의 신하들의 자손은 유다 여러 성읍에서 각각 자기 성읍 자기 기업에 거주하였느니라 예루살렘에 거주한 그 지방의 지도자들은 이러하니……_11:3-36.

말 한 마디로 천 냥 빚을 갚지만 그 반대의 경우도 있습니다. 은혜를 입고도 인사를 생략하는 경우가 있다는 것입니다. 적절한 시간에 던지는 적절한 사례謝禮 한마디는 어렵지도 않으면서 좋은 인상까지 줄 수 있습니다. 감사의 수준은 그 사람의 수준입니다. 그래서 사람에게 감사할 줄 모르는 사람은 하나님께도 감사할 줄 모르는 사람이기 쉽습니다. 인생은 무슨 큰일에서 차이 나는 것 같아도 의외로 아주 작은 일에서 갈립니다. 인생은 복잡하게 나눠지지 않고 단 두 가지로 나뉩니다. 감사하는 인생과 감사하지 않는 인생입니다. 감사하는 사람은 사소한 것도 마음 깊이 새기고 오래 기억합니다. 그리고 그게 그의 인생을 바꿉니다. 고맙다면 마음에 새기는 게 성숙한 인격의 출발입니다. 작은 감사의 습관이 인생을 되게 하느냐 마느냐의 분기점이 된다는 것입니다.

느헤미야는 공로 있는 사람들을 한 번도 그냥 지나치지 않았다는 점에서도 매력적인 지도자입니다. 얼핏 당연해 보이는 문제 같지만 실패하는 지도자들 대부분이 기본적인 작은 것들을 놓친다는 것을 감안하면 그의 지도자 자질은 출중해 보입니다. 그는 지금 자신의 회고록에 예루살렘에 정착하게 된 백성들의 명단을 빠짐없이 기록하고 있습니다. 성벽 재건에 참여했던 명단을 기록하고, 언약에 서약한 자들의 이름을 올리더니 이제는 또 예루살렘에서 살기로 결심한 사람들의 이름을 빠짐없이 써

두는 것입니다. 역사의 기록이라는 차원이기에 앞서, 감사를 새기는 개인적 다짐인 것 같아 그게 더 마음에 와닿는 것입니다.

어찌 보면 백성들 모두가 자기의 감독을 받아야 하는 사람으로서 그들의 행동은 당연하다 할 수도 있을 것입니다. "자기들이 그렇게 안 하면 어쩔 거야?" 충분히 생각할 수 있는 사안이지만, 당연한 것을 당연하게 생각하지 않았다는 게 지도자답고 인격자다워 보이는 것입니다.

감사가 중요한 것은 단지 도리를 다하느냐 마느냐의 문제로 끝나지 않아서입니다. 우리 믿는 이들 모두는 장차 본향인 천국을 보장받은 사람들입니다. 하지만 이생에서도 천국을 맛볼 수 있다면 금상첨화입니다. 그리고 그 천국을 사느냐 마느냐는 전적으로 본인에게 달려 있습니다. 아무리 인생이 70-80년의 짧은 세월이라 하지만 그 기간에도 얼마든지 희노애락은 존재하는 것이고 따라서 할 수만 있다면 행복을 느끼며 살아야 합니다. 바로 그게 '감사'에 전적으로 달려 있습니다. 이생은 감사하면 천국이지만 감사하지 않으면 지옥입니다. 그리고 그것은 결코 자신의 소유나 지위 또는 환경에 좌우되지 않습니다. 이름도 익숙하지 않은 태평양의 조그만 섬나라, 국민소득도 중하위권인 나라가 세계 행복지수 1위라는 사실이 그것을 증명하고 있습니다.

그런 모든 것을 떠나서 우리는 하나님을 아버지로 모시고 사는 사람들입니다. 감사하지 않는 게 이상한 것입니다. 알고 보면 감사야말로 가장 가지가 왕성해지는 나무입니다. 작은 일에 감사하면 감사할 일은 계속 늘어납니다. 그렇게 감사가 습관이 되면 도저히 감사할 수 없는 사안도 감사로 마무리할 수 있는 능력이 생깁니다. 그래서 불신자들과 성도들의 가장 큰 차이는 감사에서 오는 행복감이어야 합니다. 믿는다면서도 감사가 없고 자기 삶이 불행하다 느낀다면 문제입니다. 물론 우리라고 어려움과 질곡이 없는 것은 아닙니다. 하지만 어쨌든 우리는 하나님이 이끌어 주시는 삶을 삽니다. 중간에 우여곡절이 있을지라도 주님은 어떻게든 우리를 승리의 길로 이끄십니다. 그것은 마치 이스라엘 백성들이 말을 안 들으면 매질을 해서라도 가나안으로 이끄시는 것과도 같습니다. 우리의 결말은 언제나 해피엔드입니다. 그렇다면 감사 못할 일이 어디 있겠습니까?

느헤미야는 일이 한 번 끝날 때마다 고마운 사람들을 마음에 새겨 두고 있습니다. 우리 역시 우리를 위해 애쓴 사람들에게 감사의 마음을 가져야 합니다. 도리 때문이 아니라 행복해지기 위해서입니다. 아울러 우리가 표하는 작은 감사는, 받는 사람 편에서는 살 의욕이 일어나게 해주는 엔도르핀이 됩니다. 나 좋고 너 좋으면 세상은 조금씩이나마 바뀝니다. 이제 그 일을 시작하는 게 옳습니다.

고마운 사람은 마음에 새겨야 합니다.

46
정리하면 일은 수월해진다

……레위 족속의 지도자들은 하사뱌와 세레뱌와 깃미엘의 아들 예수아라 그들은 그들의 형제의 맞은편에 있어 하나님의 사람 다윗의 명령대로 순서를 따라 주를 찬양하며 감사하고 맛다냐와 박부갸와 오바댜와 므술람과 달몬과 악굽은 다 문지기로서 순서대로 문 안의 곳간을 파수하였나니 이상의 모든 사람들은 요사닥의 손자 예수아의 아들 요야김과 총독 느헤미야와 제사장 겸 학사 에스라 때에 있었느니라_12:1-26.

오스트리아의 식물학자 겸 광물학자 출신으로 쾨헬이란 사람이 있습니다. 자신의 일 외에 모차르트 음악에 심취했던 그는 작품 정리를 제대로 하지 않고 죽은 모차르트의 곡들을 모아 깔끔하게 정리해서 후세 사람들의 수고를 덜어 주었습니다. 사람들은 그의 정리 체계에 의존해서 모차르트의 삶을 이해하고 그의 음악을 더 사랑할 수 있게 되었습니다. 그래서 다른 작곡가의 경우는 대부분 작품번호(Opus, Op.)를 쓰지만 모차르트의 작품번호만은 그의 이름을 따서 쾨헬번호(약자로 K)를 씁니다.

일에 대해 '시작이 반'이라는 말이 있지만 일의 '정리는 거의 다'입니다. 일이 잘 진행되지 않는 이유도 알고 보면 다른 문제가 아니라 정리되지 않은 까닭일 때가 많습니다. 그것은 물리적인 면뿐 아니라 정신적인 면도 마찬가지입니다. 우리는 흔히 "마음이 정리가 잘 안 돼!"라는 말을 합니다. 정리란 그렇게 양쪽에 다 필요하고, 정리만 되면 일은 언제나 손쉽습니다.

그동안 굵직한 현안들을 잘 마무리한 느헤미야에게 '성곽 봉헌식'이란 마지막 행사가 남아 있었습니다. 봉헌식엔 당연히 제사장들과 레위인이 투입되는데, 느헤미야는 이 일 역시 꼼꼼하게 진행시킵니다. 무엇보다 그는 일에 앞서서 늘 상황을 한눈에 볼 수 있는 자료들을 모아 시작하는 습관이 있었는데 이번에도 예외가 아니었습니다. 사실 봉헌식에 필요한 제사장과 레위인 및 다른 일꾼들을 선발하는 것은 총독인 자신으로서는 그리 어려운 일이 아니었습니다. 그런데도 이번 기회에 파악이 가능한 1차 귀환 때부터의 조상 명단을 수집하고 정리해서 남긴 것입니다.

그동안 느헤미야의 지도자로서의 장점은 여러 가지가 부각되었지만 그중 가장 돋보이는 것은 역시 일의 순서를 잘 안다는 것입니다. 그가 지금까지 추진해 왔던 성벽의 계획부터 시공까지, 그리고 인구 조사와 말씀 성회, 또 에스라를 통한 회개 운동과 백성들의 예루살렘 이주, 그리고 행사 때의 명단 정리 등을 보면, 무엇 하나 빈틈이 없고 얼마나 일과 일 사이를 치밀하게 짜 맞추었는지 감탄을 금할 수 없습니다.

연약한 인간은 오랫동안 눈에 보이는 열매가 없으면 의욕이나 보람을 느끼지 못하게 되어 있고, 또 그 이면에 심리적 만족감 역시 충만함을 잃지 않아야 생활의 기쁨을 느낄 수 있습니다. 느헤미야의 생각은 거기까지 미쳐서, 일이 된 과정을 돌아보면 그 두 가지 다 적절하게 드러내면서 진행시켰던 것을 알 수 있습니다.

이 모든 힘의 근원은 계속 강조해 온 대로 역시 기도입니다. 기도하면 성령께서는 가장 중요한 일의 순서는 물론이고 더 세밀한 부분까지도 생각나게 하십니다. 우리가 간과하지 말아야 할 것은 이것입니다. 아무리 느헤미야가 기도의 사람이고, 그래서 그 어떤 일도 기도로 풀어 가는 사람이었다 하더라도 '기도만' 하는 사람은 아니었다는 것입니다. 기도가 응답되지 않는 것은 기도가 부족해서라기보다는 이미 주신 것을 찾으러 가지 않아서일 때도 많습니다. 즉 만나를 땅에 지천으로 떨어뜨려 주셨음에도 주워 먹지 않고 "배고파 죽겠어!"라고 외치는 형국이라는 것입니다. 느헤미야에게 그런 실수란 어림도 없는 소리입니다. 그를 추적해 보면 기도 다음엔 반드시 '정리'가 뒤따랐습니다. 그게 기록이 됐든, 권유가 됐든 어떻게든 실행되었지 그냥 생각 속에 맴돌다가 허공으로 보내는 일은 결코 없었다는 것입니다. 그렇게 꼼꼼히 정리하다 보니 어떤 일도 어렵지 않았던 것입니다.

인생은 사소해 보이는 것들로부터 풀리기 시작합니다. 정리만 잘해도 웬만한 문제는 풀립니다. 기업 같으면 정리만 잘해도 생산성은 눈에 띄게 신장될 것입니다. 우리가 느헤미야의 모든 행적을 아는 것 또한 그가 잘 정리한 기록에 의존하고 있지 않습니까?

느헤미야 따라 여태껏 기도했다면 잘한 일입니다. 성령께서 알려 주신 순서를 염두에 두었다면 더 잘한 일입니다. 거기에서 머무르지 않고 정리한 것을 직접 실천했다면 더더욱 잘한 일입니다. 기도하고 정리하고 실천했다면 당신은 곧 분명히 열매를 볼 것입니다.

일의 시작은 정리하는 것으로부터입니다. 일이 끝나고 나서도 마찬가지입니다. 일과 마음과 인간관계와 신앙, 그 모두를 차근차근 정리해 볼 때입니다. 정리한 것을 느헤미야처럼 기록으로 남긴다면 그건 곧 역사가 되기도 합니다. 기록이 됐든 구전이 됐든 정리란 다음 세대에 주는 유산이 될 수도 있습니다.

정리하면 일은 수월해집니다.

ⓒ현철우

7부

사람을 세우는 지도자

우리는 점점 감춰지고 남을 드러내 주며
하나님께 영광을 돌려야 합니다.
꼭 그 자리에 있어서 그 일을 하는 사람을
마땅히 보여 주는 것 역시 형제 사랑의 한 길입니다.

47
스스로 즐기는 일보다
더 좋은 것은 없다

예루살렘 성벽을 봉헌하게 되니 각처에서 레위 사람들을 찾아 예루살렘으로 데려다가 감사하며 노래하며 제금을 치며 비파와 수금을 타며 즐거이 봉헌식을 행하려 하매 이에 노래하는 자들이 예루살렘 사방 들과 느도바 사람의 마을에서 모여들고 또 벧길갈과 게바와 아스마웻 들에서 모여들었으니 이 노래하는 자들은 자기들을 위하여 예루살렘 사방에 마을들을 이루었음이라 제사장들과 레위 사람들이 몸을 정결하게 하고 또 백성과 성문과 성벽을 정결하게 하니라_12:27-30.

가히 오디션의 시대라고 불릴 만큼 각 방송사들의 오디션 프로그램이 성행하고 있는 요즈음입니다. 신인들을 심사하는 이들은 재능과 성실성도 보지만 그보다 무대에서 즐기고 있는지의 여부를 더 우위에 두는 것 같습니다. 재능도 좋고 노력도 좋지만 재미로 하는 사람을 이길 방법은 없기 때문입니다. 사람은 의무나 책임감 때문에 일하거나 또는 생존을 위해 일할 수도 있습니다. 그런 경우 갈수록 권태나 지루함을 느끼게 될 것이고 일의 효율도 떨어질 것입니다. 재미로 하는 일의 장점은 창의력과 함께 시간에 구애받는 일 없이 오래 할 수 있다는 점일 것입니다. 그런 경우, 방법이 잘못되지 않는 한 쏟는 시간만큼 열매는 많을 것입니다. 우리의 믿음생활 역시 즐겁게 하는 모습보다 바람직한 일은 없습니다. 신앙도 그렇게 '누릴 수 있는' 수준을 목표 삼는다면 그게 최선일 것입니다.

드디어 예루살렘 성벽이 완성되고 성곽 봉헌식을 하게 되었습니다. 얼마나 힘들고 곡절이 많은 공사였는지 모릅니다. 가장 기뻐했던 사람은 두말할 것 없이 느헤미야 선지자였을 것입니다. 지상에 하나님의 뜻을 이루기 위한 천년대계의 초석을 놓게 된 것입니다. 가장 영광스러운 봉헌식이 되어야 하겠기에 철저히 준비하는 것을 볼 수 있습니다. 그것과 함께 봉헌식은 또 하나의 중요한 목적이 있었습니다. 그동안 성벽 중건을 위해 애쓴 백성들의 노고를 치하하고 모두 맘껏 기뻐하며 즐거워하는 자리를 마련하고 싶었던 것입니다. 그러니까 하나님과 그 백성들이 함께 기뻐하고 즐거워하는 축제 중의 축제인 것입니다. 이 행사 또한 느헤미야답게 꼼꼼하게 준비하는 것을 봅니다. 무엇보다 봉헌식엔 화려하고 웅장하고 아름다운 찬양이 있어야 했습니다. 그 일을 위해 각처에 사는 레위인들을 예루살렘 근방으로 다 모읍니다. 그런데 이들의 모습이 재미있습니다. 처음엔 총독의 명령에 따랐는지 모르지만 생각해 보니 이것은 자기들에게도 더없이 좋은 일이었던 것입니다. 그동안 찬양 드릴 기회가 없어 안타까워하던 차에 그런 자리가 공개적으로 마련된 것입니다. 그들은 예루살렘으로 속속 모여 들어 여러 곳에 음악 캠프를 차리고 봉헌식을 준비합니다. 경사스런 성곽 봉헌식을 준비하는 것만도 설레는 일인데 그 준비가 자신들이 좋아하는 일을 즐기면 되는 것이니 얼마나 신명나게 보냈을지 상상이 갑니다. 아마도 그들이 연습하는 것을 보는 것만으로도 축제 분위기는 한껏 고조되었을 것입니다. 특히 이 부분에서 "'자기들을 위하여' 예루살렘 사방에 마을들을 이루었음이니라"(29하)라고 기록한 느헤미야의 의도가 무엇인지 알고도 남음이 있습니다. 내가 좋아서 뭔가를 하는 것은 그 주변도 다 본인처럼 만드는 시너지 효과가 있다는 말일 것입니다. 게다가 그처럼 하나님의 일을 준비하는 것을 자기들을 위해 하는 일처럼 할 때의 즐거움이란 무엇과도 바꿀 수 없는 큰 기쁨이라는 것을 강조하는 것 같습니다.

　우리가 스포츠나 레크리에이션을 하는 것은 그저 즐기려고 하는 것입니다. 그러므로 그런 일은 오래 해도 싫증 나거나 지루하지 않습니다. 무슨 일을 하든 그렇게 할 수 있다면 좋겠습니다. 물론 우리의 삶은 결코 만만하지 않아, 하기 싫어도 해야 하고 억지로 해야 할 때도 있습니다. 그러나 그렇게 일하는 것은 피할 수 없지만 일에 대한 우리의 태도는 선택할 수 있습니다. 즐겁고 신명나게 즐기면서 할 수 있도록 마음을 다잡아야 하겠습니다.

　모든 백성들이 성곽을 구석구석 청소하고 자기들의 몸과 마음을 정결케 했습니다. 이로써 봉헌식의 준비는 끝났습니다. 감사의 제사로 하나님께 큰 영광을 돌리고 자신들도 기뻐할 일만 남았습니다.

　생활 속에서 가장 많이 해야 할 기도는 우리 일을 즐거워할 수 있도록 해달라는 것이어야 합니다. 그렇게 될 때의 효과는 매순간 다가오는 나와 너의 즐거움을 넘어 하나님께 영광 돌리는 일이 되기 때문입니다.

　　　스스로 즐기는 일보다 더 좋은 것은 없습니다.

48
보여 줄 일은 따로 있다

……이 날에 무리가 큰 제사를 드리고 심히 즐거워하였으니 이는 하나님이 크게 즐거워하게 하셨음이라 부녀와 어린아이도 즐거워하였으므로 예루살렘이 즐거워하는 소리가 멀리 들렸느니라_12:31-43.

사람들의 욕심 중에 못 말리는 것이 명예욕입니다. 이것은 크기만 다를 뿐 누구에게나 다 있습니다. 작게는 자기가 한 일을 인정받으려는 것부터, 크게는 자신을 드러내서 자기 이름이 사람들 사이에 회자되도록 하기까지 다양합니다. 물론 자연스럽게 생겨나는 것이야 어쩔 수 없지만 문제는 본인 스스로 그것을 만들어 갈 때입니다. 그런 명예욕이란 아름답고 좋게 끝나는 경우가 별로 없습니다. 명예욕이란 자신에 대한 존경심을 스스로 조장하는 일인데, 우선 하나님이 싫어하시고, 사람들도 싫어합니다. 바야흐로 지금 세상은 물질주의와 함께 명예욕을 부추기는 시대입니다. 조심할 것을 조심하지 않으면 그게 우리를 넘어뜨리는 덫이 됩니다. 사람들에게 우리가 보여 줄 것은 정작 따로 있습니다. 그것은 하나님의 영광으로서, 온 천하가 다 볼 수 있도록 해야 할 것입니다. 오늘 우리는 느헤미야를 통해 그것을 보고 있습니다.

철저한 준비 가운데 드디어 성곽 봉헌식이 거행되었습니다. 느헤미야는 백성들을 둘로 나눠 성벽 위를 행진하게 합니다. 한쪽은 분문을 향해, 다른 한쪽은 양문을 향해 서로 반대편으로 성을 돌게 한 후 성전 앞에서 만나게 하려는 것입니다. 앞선 레위 사람들의 찬양이 온갖 악기와 어울려 예루살렘과 성 밖 멀리까지 울려 퍼지고, 백성들은 아이 어른 할 것 없이 기쁨에 차서 행렬을 이뤄 성 위를 행진합니다. 자기들이 직접 쌓은 성을 한 걸음 한 걸음 뗄 때마다 지난 50일 동안 치렀던 고생이 생각났을 것이고, 온갖 방해에도 이렇게 봉헌하기까지 지키신 하나님의 돌보심이 새록새록 생각났을 것입니다. 발걸음마다 감격과 감사가 터져 나오는 순간이었습니다. 처음 성을 쌓을 때 "그들이 건축하는 돌 성벽은 여우가 올라가도 곧 무너지리라" 조롱했던 도비야는 어디선가 이 행진을 보고 몹시 분개했을 것입니다. 백성들은 그런 훼방자들에게 보란 듯이 강하고 견고한 성벽을 자랑하며 시위하고 있는 것입니다. 그것은 "우리가 이겼다!" 하는 승리 선언이고, 하나님께 영광을 돌리는 장엄한 의전儀典이었던 것입니다.

여기서 다시 느헤미야의 모습이 눈에 크게 들어옵니다. 학사 겸 제사장인 에스라가 한 무리를 이끌었고, 다른 한 무리는 느헤미야가 이끌었는데 에스라가 맨 앞에 선 반면, 느헤미야는 대열의 맨 꽁무니에 달려갔던 것입니다. 단순히 레위인이 아니기 때문에 뒤로 처진 것만은 아니고, 그 와중에서도 행여 연약해서 가지 못하는 사람들을 돌보려 했던 것입니다. 그의 평소 인품으로 볼 때 충분히 추측 가능합니다. 더 놀라운 것은 행진이 끝나고 제사를 드릴 때, 그는 여전히 그 자리에 있었다는 것입니다. 오늘이 있기까지 가장 큰 공로자는 느헤미야 자신이었습니다. 일신의 영화를 뒤로 하고 페르시아에서 달려와 온갖 희생을 감내하며 이 공사를 마친 것입니다. 한마디 경축사라도 할 만한데 제사 중 어디에도 느헤미야의 존재는 부각되지 않습니다. 제사는 오직 제사장과 레위인들이 감당할 것이고 자신은 하나님의 영광을 바라보면 그만이었던 것입니다.

헛된 공명功名을 버리고 하나님께 영광 드릴 때입니다. 우리는 점점 감춰지고 남을 드러내 주며 하나님께 영광을 돌려야 합니다. 꼭 그 자리에 있어서 그 일을 하는 사람을 마땅히 보여 주는 것 역시 형제 사랑의 한 길입니다. 느헤미야가 에스라와 제사 드리는 이들을 드러낸 것처럼 우리도 그 모습을 닮아야 할 것입니다.

우리가 해야 할 일은 명백해졌습니다. 영광은 하나님께 돌리고 우리는 크게 기뻐하는 것입니다. 예루살렘 성곽 봉헌식이 있던 그날 그곳엔, 큰 제사와 큰 영광이 있었고, 큰 찬양과 큰 기쁨이 있었습니다.

언제나 보여 줄 것은 우리가 아니라 하나님과 그의 영광입니다. 마땅히 보여 줄 것을 보여 주면서 하루하루 사십시오!

보여 줄 일은 따로 있습니다.

49
드릴 수 있는 게 복이다

그날에 사람을 세워 곳간을 맡기고 제사장들과 레위 사람들에게 돌릴 것 곧 율법에 정한 대로 거제물과 처음 익은 것과 십일조를 모든 성읍 밭에서 거두어 이 곳간에 쌓게 하였노니 이는 유다 사람이 섬기는 제사장들과 레위 사람들로 말미암아 즐거워하기 때문이라 그들은 하나님을 섬기는 일과 결례의 일을 힘썼으며 노래하는 자들과 문지기들도 그러하여 모두 다윗과 그의 아들 솔로몬의 명령을 따라 행하였으니 옛적 다윗과 아삽의 때에는 노래하는 자의 지도자가 있어서 하나님께 찬송하는 노래와 감사하는 노래를 하였음이며 스룹바벨 때와 느헤미야 때에는 온 이스라엘이 노래하는 자들과 문지기들에게 날마다 쓸 몫을 주되 그들이 성별한 것을 레위 사람들에게 주고 레위 사람들은 그것을 또 성별하여 아론 자손에게 주었느니라_12:44-47.

'한국 컴패션'은 미국의 에버렛 스완슨 목사가 1952년 한국 전쟁 때 전쟁고아를 돕기 위해 모금한 게 계기가 돼서 탄생한 국제 어린이 양육 기구입니다. 1993년까지 40년간 한국에 있는 동안 우리 어린이 10만 명이 그 기구의 도움으로 끼니 걱정 없이 공부하고 사회인으로 자랄 수 있었습니다. 그 기구는 더 이상 자신들이 돕지 않아도 되겠다 판단해서 철수했습니다. 그리고 꼭 10년 후인 지난 2003년, 한국에서 자체적으로 그 기구를 다시 발족시켜 이제는 거꾸로 세계 11개국 어린이 8만 명을 후원하게 됐습니다. 한국은 받는 나라에서 주는 나라가 된 것입니다. 여력이 있어 누군가에게 줄 수 있다는 것은 복입니다. 마찬가지로 우리가 받은 게 있어서 하나님께 드릴 수 있다는 것은 더없는 은혜이고 큰 복임을 알아야 합니다. 그러므로 드릴 때 기쁘게 드려야 할 것임은 두말할 나위가 없습니다.

성곽 봉헌식이 있던 그날 이스라엘 백성들은 맨손으로 오지 않았습니다. 첫 열매와 십일조와 당일 제사에 쓸 것들을 가지고 와서 바쳤습니다. 느헤미야 역시 봉헌식의 축제 분위기와는 별개로 그 모든 헌물들을 꼼꼼하게 관리하는 것을 봅니다. 곳간을 마련해 두고 그곳에 사람을 세워 업무를 보게 한 것입니다. 가나안 정착 때 다른 지파와는 달리 레위 지파는 땅을 분배받지 못했습니다. 그들은 전적으로 제사와 성전 일을 도맡았고, 다른 지파들이 십일조를 드려 그들을 책임져 준 것입니다.

하지만 백성들이 하나님 경외하기를 멀리하고 그 외에 여러 사정으로 헌물을 드리지 못하자 제사장들을 비롯한 레위인들은 성전을 뛰쳐나갔습니다. 제사가 무너지자 곧 바로 이스라엘엔 영적 피폐가 왔습니다. 당연한 수순입니다. 그것이 영적 암흑기로, 바벨론 포로기를 부른 것입니다. 그리고 이제 느헤미야 시대에 와서야 회복됩니다. 이것을 두고 느헤미야는 그 이유를 분명히 말하고 있습니다. "이는 유다 사람이 섬기는 제사장들과 레위 사람들로 말미암아 즐거워하기 때문이라"(13:44하). 이제야 백성들은 제사장을 비롯한 레위인들을 섬기는 게 얼마나 큰 복인지 안 것입니다. 궁수가 활을 잃고, 악사가 비파를 잃고, 예언자가 말씀을 잃으면 모든 것을 잃는 것이듯 예배 공동체가 예배를 잃어버리면 그 또한 다 잃는 것입니다. 암흑은 나라를 빼앗겨서라기보다 예배를 잃은 까닭이 더 큰 것입니다. 제사장과 레위인을 섬길 이유는 바로 거기에 있습니다. 느헤미야가 백성들에게 준 또 하나의 큰 선물은 그들로 하여금 헌물을 바칠 수 있도록 마음을 이끈 것입니다. 물론 거기에는 하나님 경외와 레위인을 섬기는 마음이 그대로 담겨 있었던 것입니다.

지금도 그 법칙은 변함이 없습니다. 성도들은 목회자와 교회 일을 맡아 보는 이들을 위해 힘껏 드려야 합니다. 그리고 그렇게 드린 유익은 성도들에게도 고스란히 돌아갑니다. 무엇보다 그 모든 것은 먼저 하나님께 드리는 것이고 하늘나라와 교회를 풍성케 하는 것입니다. 드릴 수 있음이 복이고, 많이 드릴 수 있음은 더 큰 복임을 알아야 합니다.

사실 우리의 가진 것은 전부 다 우리 것이 아닙니다. 그 모든 근원은 따로 있습니다. 우리가 자기 것인 양 행세할 때 가소로이 생각하실 분이 있습니다. 기억해야 합니다. 그분의 입김 한 번으로 우리의 소유와 바벨탑 같은 가치는 한순간에 다 날아가 버릴 수 있습니다.

즐거움 없이 억지로 드리는 일은 없어야 합니다. 드리는 것뿐 아니라 다른 종류의 헌신도 억지로 해서는 안 될 일입니다. 기꺼이 자원하는 마음으로 인색함 없이 드리고 봉사해야 합니다. 드리되 물질이 아니라 마음이어야 하고, 헌신하되 몸이 아니라 사랑이어야 합니다.

드릴 수 있다면 미루지 마십시오! 봉사 또한 내일로 미룰 것이 아니라 오늘 시작해야 합니다.

드릴 수 있는 게 복입니다.

50
나쁜 싹은 초장에 잘라 내야 한다

그날 모세의 책을 낭독하여 백성에게 들렸는데 그 책에 기록하기를 암몬 사람과 모압 사람은 영원히 하나님의 총회에 들어오지 못하리니 이는 그들이 양식과 물로 이스라엘 자손을 영접하지 아니하고 도리어 발람에게 뇌물을 주어 저주하게 하였음이라 그러나 우리 하나님이 그 저주를 돌이켜 복이 되게 하셨다 하였는지라 백성이 이 율법을 듣고 곧 섞인 무리를 이스라엘 가운데에서 모두 분리하였느니라_13:1-3.

바닷물은 2퍼센트 정도의 소금기로 전체를 짜게 합니다. 많이 잡아 줘도 3퍼센트를 넘기지 못한다고 합니다. 영향력을 얘기할 때 이 소금은 가장 많이 예화로 사용됩니다. 자기 고유의 맛을 가지고 있으면 단 2~3퍼센트라도 전체를 변화시킬 수 있다는 얘기일 것입니다. 문제는 그렇게 낮은 비율로도 전체를 변화시킬 수 있는 게 선한 영향력이라면, 반대로 악한 영향력도 충분히 그런 파급 효과를 낼 수 있다는 점입니다. 더 조심해야 할 것은 나쁜 것은 2~3퍼센트가 아니라 훨씬 더 작은 양으로도 전체를 오염시킬 수 있다는 것입니다. 악한 영향력이란 암세포나 팝콘 같아서 가까운 곳은 물론 전혀 예상치 못한 곳으로까지 튀어 전이시키는 무서운 놈입니다. 따라서 아주 작을 때, 싹이 보일락 말락 할 때 잘라 내야지 그 시기를 놓치면 손쓸 수 없을 만큼 커지고 금세 퍼져 버립니다.

봉헌식이 있던 날 이스라엘 백성들은 율법책을 읽었습니다. 그런데 그날의 내용은 모압과 암몬 사람들에 관한 부분이었습니다. 그들은 롯과 그 딸들의 근친상간으로 낳은 자식을 조상으로 두고 있는 족속으로, 출애굽 후에 이스라엘 백성들의 가나안행을 방해한 전력이 있습니다. 먹을 것이나 마실 것을 주기는커녕 발람 선지자를 내세워 이스라엘을 저주하기까지 했던 것입니다. 사실 그들과 이스라엘은 형제 국가나 다름없는데 도와주기는커녕 약속의 땅으로 가는 길을 막고 저주한 훼방꾼이 되었던 것입니다. 이 일로 그들은 이스라엘과는 완전히 남남이 되고, 따라서 그들 족속은 총회에도 영원히 들어갈 수 없게 되었던 것입니다.

얼핏 왜 봉헌식 같은 축제일에 이런 찬물을 끼얹는 말씀이 나왔는지 의문이 이는 게 사실입니다. 하지만 거기엔 때맞춘 하나님의 의도가 있었습니다. 이제 이스라엘 백성은 모든 것을 처음처럼 시작해야 하는 시기를 맞이했습니다. 이런 때 가장 중요한 것은 과거의 중대한 실수를 되풀이하지 않는 것입니다. 이스라엘 백성의 가장 큰 실패는 이방인들과의 교제에 있었습니다. 그들과 엮이면서 순수한 혈통이 혼잡하게 되었고, 그들의 신을 섬기기까지 하나님이 가장 싫어하는 일을 서슴지 않았던 것입니다. 그 결과로 이스라엘은 망했고 그들은 비참한 포로생활로 들어갔던 것입니다. 그리고 긴 암흑시대를 통과한 끝에 이제야 하나님의 은혜로 회복하기에 이른 것입니다. 암세포가 전이되는 것은 한꺼번에 많은 숫자가 활동해서가 아닙니다. 극히 작더라도 악한 것의 영향이란 심대한 법입니다. 비록 이방인의 숫자가 미미하더라도 그것은 결코 얕볼 게 아니라는 것입니다. 그날 그 자리에 모인 사람들 중에는 바로 그들의 후손이 끼어 있었던 것입니다. 그들을 내쫓는 것은 율법에 참예함과 악의 뿌리를 근원부터 잘라 내는 이중의 효과가 있는 것입니다. 느헤미야는 그날 백성이 한 장한 일을 또다시 분명하게 기록하고 있습니다. 백성들이 율법을 듣고 섞인 무리를 분리해 냈다는 것입니다.

이로써 하나님의 의도는 분명히 드러납니다. 시작하는 마당에 악은 어떤 모양으로라도 버릴 것은 물론 그 근원이 되는 싹을 뿌리째 뽑아내야 한다는 것입니다. 백성들은 새 역사가 시작되는 바로 그날부터 이 모든 것을 철저히 지켜 나갈 것을 천명했던 것입니다. 그날 모압, 암몬 족속과 혼인을 했던 백성들은 가족을 추방시키는 아픔을 맛보았을 것입니다. 어쩔 수 없는 일입니다. 선한 영향력이 2~3퍼센트로 가능하다면 악한 영향이란 0.1퍼센트라도 전체를 물들게 하기에 충분합니다. 미미하더라도 잘라 내야지 그렇지 않으면 그것은 백성들 가운데 급속히 퍼질 것입니다. 개혁이란 언제나 그렇게 웬만한 고통과 인내가 동반되지 않으면 불가능한 법입니다.

한때 순도 99.9퍼센트라는 금 제품 홍보가 많던 시절이 있었습니다. 100퍼센트에서 겨우 0.1퍼센트 빠진 것이지만 그 수치 때문에 그것은 '순금'이라고 할 수 없었습니다. 0.1퍼센트가 99.9퍼센트를 욕되게 하는 경우는 얼마든지 있고, 특히 우리 영혼 속에서 0.1이라는 죄악의 허용치는 모든 것을 끝장나게 할 잠재력이 있음을 잊어서는 안 됩니다.

하나님은 오늘 우리에게 순도 100퍼센트의 믿음을 원하십니다. 개인에게나 공동체에게나 똑같이 순수함을 지킬 것을 바라십니다. 우리에게 순도 100퍼센트의 신앙이란 하나님의 영광 외에는 아무것도 생각지 않는 것입니다.

　오늘도 영혼의 불순물을 다 걸러 내고 순도 100퍼센트의 믿음으로 살아가십시오! 그러기 위해서 악은 초장에 싹부터 잘라 내야 합니다. 극히 미미한 악이라도 경계할 때입니다.

　　　　나쁜 싹은 초장부터 뿌리째 뽑아 버려야 합니다.

51
실망스러워도 다시 시작해야 한다

이전에 우리 하나님의 전의 방을 맡은 제사장 엘리아십이 도비야와 연락이 있었으므로 도비야를 위하여 한 큰 방을 만들었으니 그 방은 원래 소제물과 유향과 그릇과 또 레위 사람들과 노래하는 자들과 문지기들에게 십일조로 주는 곡물과 새 포도주와 기름과 또 제사장들에게 주는 거제물을 두는 곳이라 그 때에는 내가 예루살렘에 있지 아니하였느니라 바벨론 왕 아닥사스다 삼십이 년에 내가 왕에게 나아갔다가 며칠 후에 왕에게 말미를 청하고 예루살렘에 이르러서야 엘리아십이 도비야를 위하여 하나님의 전 뜰에 방을 만든 악한 일을 안지라 내가 심히 근심하여 도비야의 세간을 그 방 밖으로 다 내어 던지고 명령하여 그 방을 정결하게 하고 하나님의 전의 그릇과 소제물과 유향을 다시 그리로 들여놓았느니라_13:4-9.

쌓기는 어려워도 무너지기는 쉬운 게 세상의 일입니다. "공든 탑이 무너지랴?"라는 말은 격언 자체로만 존재할 뿐 이치에 맞지 않습니다. 물론 본인의 실패 때문이라면 자책하며 어쩔 수 없이 다시 시작해야겠지만 타의로 인해 물거품이 되었다면 여간 실망스럽지 않을 것입니다. 문제는 그런 일이 드물지 않다는 데 있습니다. 며칠을 일군 밭이 누군가로 인해 하룻밤 사이 초토가 되고, 수십 년 일군 기업이 권력에 의해 하루아침에 공중분해 되고, 평생 걸쳐 쌓은 명성이 믿었던 가족의 실수 한 번으로 오명이 되는 일은 너무도 잦습니다. 그러나 늪에 빠진 듯 저주스럽더라도 언제까지나 낙담하고만 있어서는 안 됩니다. 또다시 처음부터 시작해야 합니다.

느헤미야는 12년 동안 유대 총독을 지내다가 페르시아로 돌아갔습니다. 나라의 틀은 웬만큼 잡아 놓았고 백성들의 믿음도 어느 정도 회복된 것을 본 후, 이제는 떠나도 되겠다 판단한 것 같습니다. 하지만 무슨 일에서였는지 그는 다시 예루살렘으로 돌아왔습니다. 그런데 돌아와 보니 분위기가 이상했습니다. 십이 년 동안 재임하면서 성벽을 쌓고 제도를 정비하고 신앙을 회복시켜 나름대로 나라의 초석을 쌓았는데, 느헤미야가 떠나자마자 모든 부분에서 급격히 무너진 것이었습니다. 가장 어이없는 일은 암몬 사람 도비야가 성전 곳간의 가장 중요한 방 하나를 차지하고 있는 것이었습니다. 성벽을 쌓을 때 가장 방해했던 훼방꾼이, 더군다나 이방인이 성전에 들어와 똬리를 틀고 있는 것입니다. 어떻게 이런 일이 벌어졌는지 느헤미야로서는 도저히 이해할 수 없었고 분노가 치밀어 올랐습니다. 이렇게 된 데는 제사장 엘리아십과 도비야 사이에 어떤 검은 거래가 있었음에 틀림없습니다. 겉으로는 교역 확대니 외교적 화해니 하는 따위의 명분을 댔겠지만 이방인에게 성전 곳간을 내주는 데는 단순한 관계 이상이 있는 것입니다. 일반 사람도 함부로 갈 수 없는 성전의 특정 장소를 이방인이 들어가도록 하기까지 제사장이 율법을 어기는 일이 일어난 것입니다. 성전과 제사장의 일이 이 모양이니 다른 부분은 더 말할 것도 없었을 것입니다.

금식하고 회개하고 말씀을 다시 들으며 얼마나 기뻐하고 감격했던 이스라엘 백성들이었습니까? 그리고 다시는 그런 복을 빼앗기지 않으리라 얼마나 굳게 서약을 했던 그들이었습니까? 그런데 그것을 그렇게 짧은 시간 안에 다 잊은 것이었습니다.

느헤미야의 12년 동안의 희생과 수고가 다 허공으로 흩어져 버렸습니다. 상심한 느헤미야가 얼마나 절망과 낙담의 나락으로 떨어졌을까요?

인간의 연약함을 모르는 바 아니지만 이런 정도는 아니었으리라 생각했을 것입니다. 인간이 배신하는 존재라는 것을 몰랐던 바는 아니지만 이런 정도로 빨리 변하리라고는 예상 못했을 것입니다. 좋은 게 좋다지만 진실로 뭐가 좋은지를 이렇게까지 판단하지 못할 줄은 생각 못했을 것입니다. 결국 느헤미야가 있던 동안은 하나님을 두려워한 게 아니라 총독의 공권력을 두려워했던 꼴이 되었습니다.

하나님을 두려워해야 합니다. 눈에 보이는 사람은 두려움의 대상이 아니지만 보이지 않는 하나님은 두려움의 대상이어야 합니다.

하나님의 은혜와 사랑의 깊이를 아는 것은 좋은 일입니다. 하지만 그 이상으로 하나님의 진노도 두려워할 줄 알아야 합니다. 그래야 우리는 하나님을 경홀히 여기지 않게 됩니다. 그리고 그 질서 안에서만 우리는 균형 있게 자라 갈 수 있습니다.

느헤미야가 도비야의 세간을 밖으로 다 집어던집니다. 그리고 모든 것을 원위치 시키라고 명령했습니다. 그의 호통은 당장 군사라도 동원할 만큼 서슬이 퍼랬습니다.

실망스러웠지만 느헤미야는 다시 시작합니다. 우리 또한 같은 일을 당할 수 있고, 느헤미야처럼 실망 가운데서도 다시 시작해야 합니다. 우리의 연약함을 하나님께 맡긴 채 주의 손으로 우리를 친히 인도하시도록 구하는 길밖에 없습니다.

하나님을 두려워해야만 그분의 사랑과 은혜도 제대로 해석할 수 있습니다. 다시 나 자신을 돌아보고 버릴 것을 버릴 때입니다. 느헤미야가 도비야의 세간을 다 버린 그 분노가 나 자신에게도 있어야 합니다. 아울러 느헤미야가 당했듯이 다른 사람

때문에 일이 잘못 되더라도 언제까지나 실망의 자리에 있어서는 안 됩니다.

실망스럽더라도 다 잊고 다시 시작해야 합니다.

52
교회의 회복이 가장 먼저다

내가 또 알아본즉 레위 사람들이 받을 몫을 주지 아니하였으므로 그 직무를 행하는 레위 사람들과 노래하는 자들이 각각 자기 밭으로 도망하였기로 내가 모든 민장들을 꾸짖어 이르기를 하나님의 전이 어찌하여 버린 바 되었느냐 하고 곧 레위 사람을 불러 모아 다시 제자리에 세웠더니 이에 온 유다가 곡식과 새 포도주와 기름의 십일조를 가져다가 곳간에 들이므로 내가 제사장 셀레먀와 서기관 사독과 레위 사람 브다야를 창고지기로 삼고 맛다냐의 손자 삭굴의 아들 하난을 버금으로 삼았나니 이는 그들이 충직한 자로 인정됨이라 그 직분은 형제들에게 분배하는 일이었느니라 내 하나님이여 이 일로 말미암아 나를 기억하옵소서 내 하나님의 전과 그 모든 직무를 위하여 내가 행한 선한 일을 도말하지 마옵소서 _13:10-14.

요즘 영국의 교회는 모스크가 되거나 술집이 되거나 둘 중 하나로 바뀌어 간다는 소식을 들었습니다. 심지어는 설교의 제왕 스펄전 목사가 시무했던 교회마저 팔려 나갈 위기에 있다고 합니다. 오래전부터 조금씩 진행되어 왔던 예배의 침체가 점점 가속화됐고 이제는 막바지까지 치달은 까닭입니다. 예배를 소중히 하느냐 마느냐는 개인과 교회 공동체뿐 아니라 한 나라의 운명까지 결정합니다. 따라서 위기 중에도 필사적으로 지켜야 할 것은 교회입니다. 아무리 작고 볼품없는 교회라도 그리스도의 핏값으로 세워진 곳이요 하나님이 거하시는 집이기 때문입니다. 다 쓰러진 곳에서도 가장 먼저 회복시킬 것은 교회입니다. 물론 평안할 때 먼저 돌아볼 것 역시 교회임은 두말할 나위가 없습니다. 그렇게 교회를 살피며 지키고 부흥에 힘썼던 이들이 시대를 막론하고 복 받은 것은 전혀 우연이 아닙니다.

예루살렘에 돌아와서 가장 먼저 성전을 찾은 느헤미야는 곳간을 차지하고 있던 암몬 사람 도비야를 분한 마음으로 쫓아냈습니다. 제사장부터 이방인과 결탁되어 있는 모습은 여타의 사정도 예상을 가능케 했습니다. 추측대로 성전은 버려져 있었습니다. 레위인이든 노래하는 자든 사람이라곤 그림자도 보이지 않았습니다. 이런 상황에 대한 느헤미야의 심경이란 차마 끔찍하다 못해 서글펐으리란 생각이 듭니다. 분노와 허탈을 넘어 한동안 멍한 상태로 있었을 것입니다. 어떻게 이렇게까지 기대를 무참하게 짓밟을 수 있는지 의문이었습니다. 한순간 "이것들은 다시 포로로 잡혀가야 해! 대우를 해줄 필요가 없는 인간들이야!" 생각했을지도 모릅니다.

그래도 그런 상념들은 일단 제쳐 놔야 했습니다. 하나님의 전을 회복시키는 게 급선무였습니다. 일차로 백성의 지도자들을 불러 꾸짖습니다. 그들을 혼이 나갈 만큼, 사시나무 떨듯 죽을 듯한 공포로 꾸짖고 그 기록을 남겨 두고 싶었지만, 선한 느헤미야는 또 그들의 허물을 덮어 줍니다. 다만 엄중하게 명령을 내려 레위 사람들을 원래 자리로 복귀시키고 그들 스스로 약속했던 십일조와 헌물을 다시 바치도록 했습니다. 가장 중요한 성전 창고지기도 충직한 사람으로 다시 세웠습니다. 이제 성전에서는 다시 제사가 드려질 것이고, 성전 일을 하는 사람들은 다시는 밭으로 나가지 않아도 될 것이었습니다.

교회의 가장 중요한 직무는 예배입니다. 예배는 우리가 하나님께 드려야 할 의무입니다. 아울러 그 예배를 통해 우리는 하나님과 공적으로 만나는 것입니다. 예배를 통해 하나님은 우리를 만나 주십니다. 삶에 아무리 중요한 가치가 있다 하더라도 예배보다 우선하는 것은 없습니다. 그래서 성경은 처음부터 끝까지 예배를 강조합니다. 어찌 보면 성경은 첫 장부터 마지막 장까지 예배 이야기라 해도 과언이 아닙니다. 그러므로 예배를 드리기 위한 희생이나 투자는 아무리 많아도 충분하지 않은 것입니다.

반대로, 예배가 무너지면 교회가 무너지고 교회가 무너지면 그것은 곧 국가적 수난으로 이어지며 그 고난은 자신에게로 돌아옵니다. 그러면 그때부터는 죽음과 같은 삶이 계속됩니다. 성경이 증명하고 역사가 증명하는 진실입니다.

예배를 드리지 않는 것은 그 자체로 끝나지 않습니다. 예배 시간이란 우리의 시간이 아니라 전적으로 하나님의 시간입니다. 그런데 예배를 드리지 않으면 사람들은 그때를 빈 시간으로 두지 않고 자기 좋은 일을 합니다. 그리고 그 일이란 죄짓는 일이기 쉽습니다. 하나님의 시간을 죄짓는 시간으로 바꾸는 그 뒷감당을 어떻게 하려는지 생각하면 소름이 끼칠 뿐입니다.

느헤미야는 가장 먼저 성전을 회복시킨 것에 의미를 두고 자기의 선한 일을 기억해 달라고 요청하고 있습니다. 우리가 교회를 위해 헌신한 것도 주님께서 분명히 기억하실 것입니다.

교회는 소중합니다. 그곳에서 예배를 드리기 때문입니다. 물론 생활 전체가 산제사로 드려져야 하지만, 교회로 모인 공동체는 돌봐야 할 최우선순위입니다. 예배가 살면 내가 살고 공동체가 삽니다. 바로 그 예배를 맘껏 영광스럽게 드리는 곳이 교회입니다. 그것이 모든 일들 중 교회의 회복이 가장 먼저인 이유입니다.

다시 한 번 새기십시오! 교회의 회복이 가장 먼저입니다.

53
건망증은 반드시 치유되어야 한다

그 때에 내가 본즉 유다에서 어떤 사람이 안식일에 술틀을 밟고 곡식단을 나귀에 실어 운반하며 포도주와 포도와 무화과와 여러 가지 짐을 지고 안식일에 예루살렘에 들어와서 음식물을 팔기로 그 날에 내가 경계하였고 또 두로 사람이 예루살렘에 살며 물고기와 각양 물건을 가져다가 안식일에 예루살렘에서도 유다 자손에게 팔기로 내가 유다의 모든 귀인들을 꾸짖어 그들에게 이르기를 너희가 어찌 이 악을 행하여 안식일을 범하느냐 너희 조상들이 이같이 행하지 아니하였느냐 그래서 우리 하나님이 이 모든 재앙을 우리와 이 성읍에 내리신 것이 아니냐 그럼에도 불구하고 너희가 안식일을 범하여 진노가 이스라엘에게 더욱 심하게 임하도록 하는도다 하고 안식일 전 예루살렘 성문이 어두워 갈 때에 내가 성문을 닫고 안식일이 지나기 전에는 열지 말라 하고 나를 따르는 종자 몇을 성문마다 세워 안식일에는 아무 짐도 들어오지 못하게 하였으므로 장사꾼들과 각양 물건 파는 자들이 한두 번 예루살렘 성 밖에서 자므로 내가 그들에게 경계하여 이르기를 너희가 어찌하여 성 밑에서 자느냐 다시 이같이 하면 내가 잡으리라 하였더니 그 후부터는 안식일에 그들이 다시 오지 아니하였느니라 내가 또 레위 사람들에게 몸을 정결하게 하고 와서 성문을 지켜서 안식일을 거룩하게 하라 하였느니라 내 하나님이여 나를 위하여 이 일도 기억하시옵고 주의 크신 은혜대로 나를 아끼시옵소서 _13:15-22.

우리는 매체나 지인들을 통해 자기의 건망증 때문에 빚어진 에피소드를 자주 듣습니다. 일상 중에 일어난 일이므로 심각한 결과를 초래하는 경우는 그리 많지 않습니다. 그리고 그런 증세에 관해서는 자신에게든 타인에게든 비교적 관대한 것을 봅니다. 그러나 따져 보면 건망증이란 기억해야 할 것을 자꾸 잊는 증세로서 결코 가볍게 넘길 일이 아닙니다. 언젠가는 조그만 실수가 큰일을 그르치는 결정적 씨앗이 될 수도 있습니다. 더 심각한 것은, 이것은 일상에서뿐 아니라 우리의 믿음생활에까지도 이어질 수 있다는 것입니다. 그러므로 계속 그냥 둘 일은 아닙니다. 그냥 놔두면 기억상실증으로 악화될 수도 있습니다. 그러므로 건망증은 반드시 치유되어야 합니다. 가만히 두면 언젠가는 재앙이란 불청객으로 닥칠지도 모르기 때문입니다.

　참담한 마음으로 성전을 정리하고 곳간에 헌물을 들인 후에도 느헤미야에게는 통탄할 일이 남아 있었습니다. 안식일이 되었는데 상상도 못한 일이 벌어진 것입니다. 백성들이 그 거룩히 지켜야 할 날을, 포도주를 만들고 곡물을 운반하고 음식 장사를 하는 등 난장판을 만든 것입니다. 심지어는 지중해 연변에 사는 사람들까지 예루살렘에 들어와서 장사하는 것을 방치해 두고 있었습니다. 이쯤 되면 아무리 느헤미야라도 더는 참을 수 없는 것입니다. 바벨론 포로기 때도 제사는 무너졌을지언정 안식일만큼은 지켰던 유대 백성들이었습니다. 그랬던 것이 이제

나라가 자리 잡아 갈 시점에 더 철저해지기는커녕 오히려 그날을 잊고 살고 있는 것입니다.

'도대체 이 백성들의 죄악의 뿌리는 어디까지 뻗은 것일까, 도대체 어떻게 손을 써야 백성들의 타락을 중단시킬 수 있을까, 아무리 구제불능이라 해도 정도껏 해야 되는 것 아닌가?' 느헤미야는 울분이 터져 나왔을 것입니다.

무엇보다 이 모든 작태를 보시고 당장에라도 벼락을 내리실 것만 같은 하나님의 노한 얼굴을 떠올렸을 것입니다. 쓰러지듯 무릎 꿇고, 몽매한 백성들의 사죄를 위해 통곡하며 회개하는 느헤미야의 모습을 그려 봅니다. 분을 삭인 느헤미야가 이번에도 백성들의 지도자를 호출합니다. 그리고 몇 마디 합니다.

"너희가 지금까지의 고통도 모자라 하나님의 진노를 부르는구나. 다시 바벨론으로 돌아가고 싶은 게로구나. 소원이라면 기꺼이 들어주마!"

그 엄한 말에 정신 차린 지도자들이 싹싹 빌며 용서를 구하는 모습이 선합니다. 이번만큼은 그들도 정신 차렸을 것입니다. 반드시 기억하고 있어야 할 것을 잊은 자신들의 건망증과 기억상실에 스스로 반성하고 재차 다짐했을 것입니다.

잊을 것은 따로 있습니다. 아무 쓸 데 없는 기억들이 뭔지는 자신이 가장 잘 압니다. 분노와 원망과 후회 등의 기억 등은 깡그리 잊는 게 좋습니다. 하지만 실패와 저주를 불렀던 일들을 잊는 것은 똑같은 일을 반복해서 부르는 것이 됩니다. 교훈 삼아 뼛속에 새겨야 할 일입니다. 아무리 인간이 망각의 존재라 하지만 하나님의 은혜나, 죄의 대가로 온 환란을 잊어서는 안 됩니다.

이스라엘 백성들이 괜히 그런 상태가 되지는 않았을 것입니다. 실밥처럼 약간 늘어져 있는 일을 안식일에 마무리하거나, 시간 다투는 물건들을 안식일에 사주다 보니 그 시간들이 늘어났을 것입니다. 아침나절에서 한나절로, 그 한나절이 종일로 점차 늘어 갔을 것입니다. 그러다 보니 안식일도 여느 날처럼 일하고 사고팔고 해도 괜찮은 날이 온 것입니다. 안식일을 거룩하게 지냈던 과거와 그런 것 때문에 포로로 잡혀갔던 기억은 온데간데없이 사라졌던 것입니다.

새삼 기본이 중요하다는 생각이 다시 떠오릅니다. 안식일을 지키는 것은 기본 중의 기본입니다. 그것을 최소한의 기본으로 생각하지 않는 바에는 다른 일을 제아무리 성실히 한다 해도 헛일하는 것입니다.

그것은 지금을 사는 우리에게도 마찬가지입니다. 주일을 지키지 않는 것은 다른 뜻이 아니라 불신앙입니다. 주님의 날을 자기 날로 사유화시키는 것과, 하루를 쉬어도 계속 일하는 자들의 열매 이상을 거두게 하시는 주님의 섭리를 믿지 못하는 불신앙이라는 것입니다. 다시 한 번 입술을 깨물고 스스로 다

짚해야 합니다. "물질이든 시간이든 하나님의 것은 하나님께 돌려 드려야 해!" 다른 것은 잊어도 이 사실만큼은 잊어서는 안 됩니다.

느헤미야는 지도자들의 잘못된 행태를 꾸짖고 엄중히 경고했습니다. 그리고 이번 사태의 마무리는 자신이 챙기기 시작했습니다. 안식일 전후로 성문은 굳게 잠가 두었고 안식일에 섬기는 레위인들은 자기 위치에 충실하도록 지시했습니다. 성 안에서 장사 따위로 안식일을 범하는 사람이 더는 없게 했고, 그 밖의 안식일을 범할 조건들도 원천봉쇄했습니다.

잊어도 될 것이 있고, 잊어서 안 될 게 있습니다. 잊는 것도 관성이 붙으면 잊지 말아야 될 것까지 잊게 됩니다. 목록들을 작성해서 매일 살펴야 합니다. 기도, 예배, 주일, 십일조, 헌금 등은 결코 빠져서는 안 되는 목록입니다. 이런 것에 건망증을 적용시켜서는 안 됩니다. 건망증을 막기 위해 필요한 조치를, 당장 취해야 합니다.

건망증은 반드시 치유되어야 합니다.

54
사랑의 매를 들라

그 때에 내가 또 본즉 유다 사람이 아스돗과 암몬과 모압 여인을 맞아 아내로 삼았는데 그들의 자녀가 아스돗 방언을 절반쯤은 하여도 유다 방언은 못하니 그 하는 말이 각 족속의 방언이므로 내가 그들을 책망하고 저주하며 그들 중 몇 사람을 때리고 그들의 머리털을 뽑고 이르되 너희는 너희 딸들을 그들의 아들들에게 주지 말고 너희 아들들이나 너희를 위하여 그들의 딸을 데려오지 아니하겠다고 하나님을 가리켜 맹세하라 하고 또 이르기를 옛적에 이스라엘 왕 솔로몬이 이 일로 범죄하지 아니하였느냐 그는 많은 나라 중에 비길 왕이 없이 하나님의 사랑을 입은 자라 하나님이 그를 왕으로 삼아 온 이스라엘을 다스리게 하셨으나 이방 여인이 그를 범죄하게 하였나니 너희가 이방 여인을 아내로 맞아 이 모든 큰 악을 행하여 우리 하나님께 범죄하는 것을 우리가 어찌 용납하겠느냐 _13:23-27.

오래전 판문점 공동경비구역 내에서 북한군이 미군 두 명을 도끼로 찍어 죽인 사건이 있었습니다. 그때 우리 대통령은 "미친 개에게는 몽둥이가 약이다"라는 속담을 인용해 보복을 다짐한 적이 있습니다. 생각이 있는 인간에게도 백약이 무효할 때가 있습니다. 달래기도 하고 혼내기도 하고 설득하기도 해보지만 그 무엇도 약발이 들지 않는 것입니다. 그런 때는 어쩔 수 없습니다. 매질을 해서라도 정신 차리게 해야 합니다. 사랑하는 사람이 잘못되어 가는 것을 지켜보느니 그렇게라도 지키는 것이 옳습니다. 우리 역시 하나님께 호되게 맞을 때가 있습니다. 그것 역시 사랑의 증거로 받을 일이지 그 외의 다른 의도를 상상할 게 없습니다. 사랑이 그 뿌리임은 의심의 여지가 없습니다.

느헤미야가 다시 예루살렘으로 돌아와서 본 유다 백성들의 상황은 한마디로 총체적 난국이었습니다. 삶도 신앙도 완전히 병들어 있었습니다. 대체 어디서부터 손대야 될지 황망할 따름이었습니다. 성전을 정화하고, 이방인을 내쫓고, 레위인을 복귀시키고, 잃어버린 안식일을 회복시켰으니 굵직한 일들은 대략 끝났다고 생각했습니다. 그런데 놀랍게도 가장 심각하고 죄질이 나쁜 백성들의 행태가 드러났습니다. 유대인으로서 이방인과 결혼한 사람들이 있었던 것입니다. 그 자체도 용서 못할 일인데 더 한심한 것은 그 자녀들이 어머니 나라 말만 조금 할 뿐 아버지 나라 말인 히브리말은 전혀 못하는 것이었습니다. 결국 유대

남자로서 이방 여자와 결혼해 그 자녀를 고스란히 이방 나라에 넘겨주는 꼴이 되었습니다. 이것은 민족혼의 문제요, 신앙의 문제요, 본질을 포기하는 문제였습니다. 나쁜 것의 파급과 전염성은 그 속도와 영향이 얼마나 빠르고 치명적인지를 수도 없이 경험한 바 있는데도 백성들은 그 사실을 까맣게 잊은 것이었습니다. 이번에는 느헤미야도 참지 않았습니다. 그들 중 몇 명을 본보기로 붙잡아 매질하고 머리털을 뽑았습니다. 마음 같아서는 감옥에 가두거나 아예 페르시아로 유배 보내고 싶었을 것입니다. 총독으로서 그런 일쯤은 식은 죽 먹기입니다. 하지만 그 정도로 참아 둔 것이었습니다. 다만 그 이상의 일도 불사하겠다는 서슬 퍼런 모습으로 다시는 그들과 결혼하지 않겠다는 맹세를 하라고 명령했습니다. 사태를 짐작한 백성들은 두려움과 놀라움으로 따랐을 것입니다.

인생은 백번 잘하다가 한 번 실수로 불행의 끝을 맞이하기도 하고, '이것쯤이야 괜찮겠지' 또는 '이 정도야 별 영향 없을 거야' 하는 문제가 파국으로 끝장나는 경우도 있습니다. 그것들의 목록 맨 앞쪽에 있는 것은 단연 '이방 종교인과 결혼'이었습니다. 성장 배경이나 성격쯤이야 어찌어찌 조정된다 해도 신앙은 합쳐질 수 있는 게 아닙니다. 만약 예외적으로 합쳐진다 해도 그것은 양쪽을 절충한 '합리'라는 이름의 불신앙으로 변질될 것입니다. 부부가 서로 불평 없이 여호와도 섬기고 아세라 신도 섬기고, 오전엔 안식일로 지키고 오후엔 일하고, 레위인을 위해 십일조의 반은 성전에, 나머지 반은 이방 신전에 바치는 것입니다.

이런 것들은 장난일 뿐 신앙도 사랑도 그 무엇도 아닙니다. 느헤미야가 솔로몬 왕을 예로 들어 간곡히 훈계한 이유도 바로 거기에 있었습니다. 좋은 것과 나쁜 것이 섞이면 처음엔 모호할 뿐이지만 결국엔 나쁜 것으로 합쳐진다는 것입니다. 무엇보다 그것은 하나님께 대항하는 최악의 불경으로 끝난다는 것입니다.

죽고 망할 작정이라면 하나님을 대적하십시오. 그게 아니라면 항복하고 그분 앞에 바짝 엎드려야 합니다. 신은 하나님 한 분뿐이고 그분이 금지하는 이방 결혼은 단어조차 삭제해야 합니다.

믿지 않는 자와 멍에를 함께 맬 수 없다는 것은 지금도 사실입니다. 그래서 믿는 배우자를 달라고 하는 기도의 연한은 20년이라도 모자랍니다. 만약 자녀가 불신자와의 결혼을 조른다면 어떻게든 말려야 합니다. 자녀가 잘못된 길로 접어드는 것을 구경만 하고 있는 부모는 부모가 아닙니다.

가르치고 훈계하고 설득하는 일은 계속되어야 합니다. 하지만 그것으로 부족할 땐 사랑의 매를 들어야 합니다. 아울러 내 허물이 분명해서 주님이 때리신다면 우리 역시 종아리를 더 들이밀어야 합니다. 사랑이 그 이유이기 때문입니다.

사랑의 이름으로 주님이 때리신다면 달게 맞으십시오!
우리 역시 사랑의 매를 드는 것을 주저해서는 안 됩니다.

사랑의 매를 드십시오!

55
모든 일은 기도로 마무리한다

대제사장 엘리아십의 손자 요야다의 아들 하나가 호론 사람 산발랏의 사위가 되었으므로 내가 쫓아내어 나를 떠나게 하였느니라 내 하나님이여 그들이 제사장의 직분을 더럽히고 제사장의 직분과 레위 사람에 대한 언약을 어겼사오니 그들을 기억하옵소서 내가 이와 같이 그들에게 이방 사람을 떠나게 하여 그들을 깨끗하게 하고 또 제사장과 레위 사람의 반열을 세워 각각 자기의 일을 맡게 하고 또 정한 기한에 나무와 처음 익은 것을 드리게 하였사오니 내 하나님이여 나를 기억하사 복을 주옵소서_13:28-31.

느헤미야와 이별을 고할 때가 왔습니다. 자서전 식으로 써내려 간 느헤미야 선지자의 기록을 우리는 55회에 걸쳐 살펴보면서, 그 가운데 나타난 하나님의 섭리를 발견했습니다. 무엇보다 느헤미야는 우리에게 수준이 다른 기도를 가르쳐 주었습니다. 대개 기도란 우리가 하나님께 일방적으로 보내는 청구서 수준에 머물기 일쑤였습니다. 그것을 느헤미야는 우리 문제에 대해 구체적이고 세밀한 지도를 받는 레슨 시간으로 깨우쳐 주었습니다. 그런 기도의 시간들은 언제나 실제 상황에 대비한 리허설의 시간이었던 것입니다. 느헤미야는 그 기도의 비밀을 알았기에 그가 하는 일들은 거침이 없었습니다. 52일 동안 성벽을 쌓은 일부터 공동체의 신앙 회복 운동, 사람을 운용하는 것 그리고 다시 예루살렘으로 돌아와서 그가 벌였던 일 등은 한 치의 머뭇거림 없이 실행되었습니다. 하나님께 직접 듣고 세밀한 부분까지 지시받은 문제인데다 그분의 인증까지 받았으므로 주저 없이 밀어붙였던 것입니다.

선지자 한 사람의 삶을 한두 마디로 규정짓는 것은 무리입니다. 그러나 느헤미야에게는 정말 '기도의 사람'이라는 호칭이 손톱만큼도 어색하지 않습니다. 하나님과 자기만 있는 공간에서 친밀하게 주거니 받거니 하는 대화의 위력은 구설로든 필설로든 설명이 불가능합니다. 그렇게 그는 기도하는 모습으로 등장해서 기도하는 모습으로 퇴장합니다. 그러니 기도의 기운이 덮고 있는 그의 삶 전체는 무슨 일이든 잘못될 수가 없었던 것입니다. 그래서 엄밀한 의미에서 우리가 하는 일은 그게 아무리 낯선 일이라도 시행착오란 있을 수 없습니다. 하나님께 쭉 레슨 받은 것을 평소대로 내놓는데 잘못될 수가 없는 것입니다.

그런 느헤미야의 행적은 어느 시점에서건 전혀 피로함이 보이질 않습니다. 마지막까지 마무리 같은 말이나 행동이 없는 것입니다. 오래전 합창단 활동을 같이하던 친구가 공연을 앞두고 단원들과 함께 매일 연습을 하던 어느 날, "저 내일 군대 갑니다. 이번 공연 함께 못해서 미안합니다. 잘 다녀오겠습니다" 하고 떠났던 적이 있습니다. 그 모습처럼 느헤미야도 끝까지 일하다가 막판에 "그동안 고마웠습니다. 저 오늘 떠납니다" 하고 대수롭지 않게 이야기를 끝내는 것입니다. 특별한 것을 대수롭지 않게 여기고, 비범한 것을 보통으로 말할 때의 감동은 큽니다. 그것은 시골의 새벽길에 물안개가 잠깐 피어오르다 사라질 때처럼 짧지만 참 아름답습니다.

기도로 시작하고 기도로 진행하고 기도로 마무리하는 사람은 계속 열정적으로 일할 수 있습니다. 그리고 그런 사람은 어떤 경우에도 그 앞길을 막을 수 없습니다. 느헤미야가 마지막으로 장식했던 일도 그랬습니다. 당시의 대제사장까지 거침없이 치리했던 것입니다. 왕이 없는 제정일치 사회에서는 대제사장이 사실상의 모든 실권을 쥐고 있었습니다. 신앙은 물론 정치, 경제, 사회, 문화의 모든 영역에서 대제사장의 영향이란 절대적이었습니다. 하지만 대제사장이었던 엘리아십이 손자 하나를 이방에 장가보낸 것을 알고 당장 쫓아냅니다. 아울러 혼탁했던 제사장 그룹도 다 물갈이를 하고, 성전에 각자 바쳐야 될 의무도 분명히 못박아 두었습니다. 모든 부분을 깨끗이 정돈한 것입니다. 그렇게 자신 있게 처리할 수 있었던 것 역시 기도 응답이 있었던 까닭이었습니다. 하나님께서 답을 가르쳐 주시니 가능했던 것입니다.

우리 역시 기도를 제대로 하면 아무것도 무섭지 않게 됩니다. 가톨릭을 반대하는 사람을 다 사형시켰던 피의 여왕 메리 1세도 "주여 나에게 스코틀랜드를 주소서. 그렇지 않으면 죽음을 주소서!"라고 기도한 존 낙스를 두려워했다고 합니다.

느헤미야는 그렇게 유다를 회복시키고 떠났습니다. 제대로 된 기도가 어떤 것인지, 그 기도가 어떤 힘을 발휘하는지 보여주고 간 것입니다. 그리고 자신의 기록으로 회고했던 이 느헤미야서도 기도로 시작하더니 기도로 끝냅니다.

"하나님이여 나를 기억하사 복을 주옵소서!"(13:31)

기도는 해답이고 근거이고 무기입니다. 거침없이 나아가십시오! 두려워하지도 마십시오!

언제나 우리 일은 기도로 시작하고 기도로 끝내야 합니다.

기도가 시작이다
Everything Starts from Prayer

지은이 최영식
펴낸곳 주식회사 홍성사
펴낸이 정애주
국효숙 김경석 김의연 김준표 박혜란 송승호 오민택
오형탁 이현주 임영주 주예경 차길환 최선경 허은

2012. 7. 27. 초판 발행 2020. 2. 28. 5쇄 발행

등록번호 제1-499호 1977. 8. 1.
주소 (04084) 서울시 마포구 양화진4길 3 전화 02) 333-5161 팩스 02) 333-5165
홈페이지 hongsungsa.com 이메일 hsbooks@hongsungsa.com
페이스북 facebook.com/hongsungsa 양화진책방 02) 333-5163

ⓒ 최영식, 2012

• 잘못된 책은 바꿔 드립니다. • 책값은 뒤표지에 있습니다.

ISBN 978-89-365-0302-4 (03230)